有《ゆう》暮《ぐ》れのアリア ~歴史を受け止め、今奏でる~

Photo: Enric Climent

“いい音楽を聴けば理屈はわからないが嬉しくなり
元気になり生き生きする。
ときにうっとりとし、涙ぐみさえする。
それは人間がそう作られているからだ”

武者小路実篤

ゆらり。

外灯の無いトラムの停留所から一人の男が突然出てきて私の目の前で仰向けになって倒れた。

瞳孔が開ききっている。口も開いている。

開いた男の瞳孔と目が合って、逸らすことが出来ない。

自分のブルーのコートの裾。

黒いブーツの先に。

死んでいる。

麻薬中毒だ。

目次

有暮れのアリア　目次

第一章　京都から世界へ……11
第二章　フルーティスト、ピアニストに習う
～イギリス　タンブリッジ・ウェルズ～……25
第三章　デンマーク
オップリュスニング「灯りをともすこと」……49
第四章　西欧から東欧へ
～チェコ　時代に翻弄された人々～……81
第五章　ベネルクスでの生活
～ベルギーの音楽院とオランダの音楽院～……111

第六章　イタリアの国際コンクール……179
第七章　イギリス／ウェールズへ
～ヨーロッパのピッコロ事情～……201
第八章　サー・ジェームズ・ゴールウェイとの出会い……231
第九章　再び京都へ……251
第十章　長岡京市文化功労賞……277
あとがき……285
山村有佳里（フルート・ピッコロ）略歴……289

第一章　京都から世界へ

京都育ち〜長岡京〜

長岡京は、春は長岡天満宮の霧島ツツジ、乙訓寺の牡丹、夏は楊谷寺の紫陽花、秋冬は光明寺の紅葉が美しい。

京都府の長岡京という、人口約8万人の、竹林が美しく、大きな天満宮もあり、歴史ある街ですくすく育った。

阪急電車の特急に乗れば京都市内の中心地まで約10分、大阪の北摂も近いのでそちらも約10分と住みやすい、典型的なベッドタウンだ。

両親はそろって京都市内出身、育ちだが、父が若いころに長岡京に家を買って住み始め、結婚し、兄と私が生まれた。

生まれ育った街がたいていそうであるように、私も故郷の竹林や八条ヶ池などの風光明媚なところはいつでもそこにあるもの、と思っていたが、12年経って日本に帰国した者の視点で見てみると、住みやすく歴史もあり良いところだと思う。

村田製作所やパナソニック、三菱電機などのハイテク企業があり、また、西山山系の湧水を利用して、大山崎町との境目近くにサントリーの京都ビール工場もある。

私の時代は乙訓地方の子供は必ずこのビール工場に社会見学に行った。

史跡も沢山あり、菅原道真公が太宰府へ左遷される道中、立ち寄ったという長岡天満宮、詩歌管弦を在原業平らとかつて楽しんだというこの地で都を振り返って名残りを惜しんだことから「見返り天神」とも呼ばれている。

折しも、NHK大河ドラマ『麒麟がくる』は明智光秀をテーマに現在放送されている。長岡京市には明智光秀が本能寺の変の後、山崎の合戦で本陣を構えた勝竜寺城がある。この城は暦応2年に足利尊氏の命により細川頼春によって築城されたという。明智光秀の娘、玉（細川ガラシャ夫人）は細川忠興に嫁ぎ、この城で幸せな新婚時代を過ごしたという。ガラシャ夫人は大層美しい女性だったということだ。

奇しくも本書を執筆中の現在、コロナ禍で放送も一時中断されたが、また撮影も開始できるという。

俳優陣、製作者の皆さんが一丸となられて、かつての長岡京、そして京都府で起こった歴史と魅力を伝えていただければ、と長岡京市出身者として陰ながら祈っている。

～音楽家を目指す決意をした頃～

クラシックの演奏家がよく聞かれる質問で、ご両親や、ご家族の中に音楽家がいらっしゃるのですか？というのがある。

両親は音楽家ではなかったが、やってみたいことはなんでも積極的に協力してくれる心強い存在だった。

父は海外出張が多く、ある日、出張先のイタリアのレストランで食事をしていたところ、そこにはピアノが置いてあり、店主が「誰かピアノを弾きたい人はいませんか？」とお客様に向かって呼びかけたらしい。

その際、すっと立ちあがって一人の男性がピアノの前に座り弾き始めたのを見て、「男の子でも、プロにならなくても、ああやって楽しそうにピアノが弾けたらいいなあ」、つまり楽器が演奏出来たら人生が豊かになるのでは、と思った父は帰国して早速4歳年上の兄にピアノのレッスンを勧めることになる。

素直で大人しい兄は特別抵抗することもなく、近所の方がどこからか頼んできたピアノの先生が子供たちを集めた教室に通うことになり、「お兄ちゃん」が大好きだった妹は、ただただそれについて行ったのが初めての音楽のお稽古だった。

母方の祖母は高名ではないものの貼り絵作家で、画家であり、デッサンや刺繍を教えたりしていた。

ピアノをたしなんだり、コーラス、シャンソンを亡くなるまで愉しみ、芸術には特別理解があった。

母が子供のころは清水《きよみず》の家で、ピアノを弾きながら歌っている様子をみて、母の友達は、「お母さんが居間でピアノを弾いて歌ってくれるなんて、素敵だなあ」と羨望の眼差しだったようだ。

FMから録音したクラシックのカセット・テープを沢山持っていた。学生時代はよく借りて聴いていた。

祖母の影響は非常に強く、子供のころから、演奏会やオペラ、ミュージカル、絵の展覧会や映画の試写会に連れて行ってくれて、私には難しいこともあったが、「オペラ」と「オペレッタ」の違いを説明してくれたりしたものだ。

なので、「どんなステージでも、最後のカーテンコールは感動するわね」となんだか生意気なことを言った記憶があるが、でもそれは今でも真実だと思う。

大人になった今でも上手い下手ではなく、学生やアマチュアの舞台であっても頑張ってやり切った姿にはやはり感動する。


しばらく大好きな「兄についていく」をモチベーションにピアノを習い、その後、また別の先生に習うことになったが、ピアノを弾くよりソルフェージュのレッスンの方が好きな子供で、先生も母に会うと「ユカリちゃんはピアノよりソルフェージュが好きみたいですね」と言われていたらしい。ピアノの練習は苦手でも、当時まだお若く優しい「順子先生」のことは大好きだった。


そのうち、小学校3年生になると、学校でリコーダー（縦笛）を渡された。

どういうわけか、私はこのリコーダーがひどく気に入り、学校で習う曲だけでは飽き足らず、4歳年上の兄の音楽の教科書の楽譜も端から演奏し、何も吹くものがなくなると、テレビから聴こえてくる音楽の音をひろって演奏していた。

先生は好きだったが、相変らずピアノの練習は好きではなく、何かにつけて口実をつけては練習をさぼろうとする子供だったが、リコーダーは時間を忘れて演奏している娘の姿を見て「笛吹き童女」と母は笑いながら、どうやら、鍵盤楽器より管楽器が好きらしい、と気づいてくれて、ある日、楽器屋さんに連れていってくれた。

そこで、やりたい管楽器を選んで良いと言われて、自分でフルートを選んだらしい。

何故、縦笛が横笛になったかはわからない。

当時は「笛」ならなんでもできる、得意、と思い込んでいたので、しばらくしたらクラリネットもやってみたい、といきなり初めてのレッスンで先生に会ったときに言ったくらい、実は楽器を選んだくだりは、私はあまり覚えていないのだが、ひとたびレッスンを受け始めると完全にフルートに夢中になった。もう他の楽器など目もくれず、ここまで来た。


フルートのレッスンを受けるにあたって、祖母がファースト・フルートを買ってくれた。当時10万円以下のYAMAHAの初心者モデルだったが、今でも所有しているし、音もちゃんと鳴るので、体験レッスンの際などまだ活躍してくれている。

ただ、その楽器も1年ほど使用したが、ほどなくして専門家になるためのレッスンに切り替わったので、そこから何年かおきに楽器もレヴェルアップを余儀なくされた。

自身が生徒をとるようになって、しばしば目にする光景だが、楽器を購入するにあたって、その時、その人の予算やレヴェルに合わせて楽器の選定をするのだが、こちらが一生懸命選んでも、すぐに思うような音が出ないと止めてしまう人がいる。大抵そういう人は色んな楽器を試したうえでフルートにたどり着くひとが多い。（過程なので、今も違う楽器を彷徨っている可能性大）「ふーって吹けば鳴ると思った」とか「ヴァイオリンの先生がフルートの方が簡単だって言ったのに」などと努力より前にそういうことを（しかもフルーティストに）言う。

はっきり言って、楽器はどの楽器も難しい。向き不向きはあるとは思うが、耳障りの良い言葉におどらされて「簡単に」音が出ると思ったら大間違いだ。

そして〜よりも〜の楽器の方が簡単、などという事を生徒に向かって言う井の中の蛙な指導者など言語道断だ。楽器は難しいから楽しいのだ。

その一方で、なかなか楽器を買ってもらえず、たとえば学校の吹奏楽部やオーケストラ部所有のもうキーが上がらなくなっているような楽器でレッスンに来る生徒もいる。家庭の方針や価値観があると思うので、それについては何も言う気はないが、そういう生徒に限ってとても練習熱心で上手い場合がある。

ある日、不思議な指使いをしているので、どうしたの?と訊くと、「この楽器、このキーが壊れてるんです。でも、この指使いだと同じ音が鳴るんです」。

なんと。

この子、自分で「替え指」を編み出しているではありませんか。

その事実を知った時、懇意にしているリペア師（修理屋さん）と「天才やな・・・・!」と感嘆したのは言うまでもない。

私自身は専門家を目指していたこともあり、学生時代、必要に応じて親に楽器を買ってもらっていたくちだ。

だから偉そうに言うわけではないが、あの「ヴァイオリンよりフルートの方が簡単だと思った」と言った人に選定したフルート、どうなったのかな。一生懸命選んだのにな。

そしてその楽器があれば喜んで一生懸命練習する子がいるのにな。そう思って切なくなる。

楽器もお稽古もお金を払っているのだから、いいだろう、ではないと思う。

レッスンは丸太町にある、当時は京都新聞社の中に入っていたＪＥＵＧＩＡのレッスンセンターに、慣れるまでは、祖母か母に連れられて、阪急電車と地下鉄を乗り継いでレッスンに通った。

時折、レッスン後に向かいの洋食屋さんでビーフシチューとエビフライの夕食を食べさせてもらうのが嬉しかった。

そこへ、レッスンを終えた先生も食事に入って来られたことがあったが、「フルートの先生はフルートの先生」としか思わなかった私は「先生もごはん食べるんだね」と。

「そりゃそうよ。先生だってたくさんレッスンしたらお腹空かれるわよ」と母に笑われた。子供の私にとって、「プライヴェートな先生」の姿を見るのは不思議だったのだ。

一人で通えるようになってからは、当時は携帯電話もテレフォンカードも出現する前だったので、たくさん10円玉を持たせてくれて、「何かあったら電話するのよ」と言われていた。

〝うちの門下生では大人も含めた中で1番良い音を出す〟

初めて鳴らした音が先生には大変印象的だったようで、〝うちの門下生では大人も含めた中で1番良い音を出す〟と言ってくださった。

また、ピアノと音程を取ることもすぐに出来たので、（その後そのどちらにも、ものすごく苦労することになるのだが）全くステージママとはかけ離れたタイプの母だったが、母にとってはいつまでもこの時の言葉の方がその後コンクールで優勝したり、ステージで演奏している事実よりも今でもずっと響いているようだ。

専門家を目指すなら、と音楽教室のレッスンから先生のご自宅での個人レッスンにほどなくして変わり、バッハを得意とする先生に基礎からエチュード、バロック～古典を中心にした指導をみっちり受けるレッスンになった。

そして苦手なピアノと、その他音楽基礎科目と呼ばれるソルフェージュ、聴音、新曲視唱、声楽のレッスンと、びっくりするほど忙しい毎日になる。

父は相変わらず海外出張が多く、様々な国に出掛けては、立ち寄った空港のCDショップで日本で待っている娘のために「フルート」と書いてあるCDを買ってきては、お土産話とともに聴かせてくれた。

ジェームズ・ゴールウェイ、ジャン＝ピエール・ランパル、クリスチャン・ラルデ・・・クラシック音楽に精通していない人や家庭でも名前は聞いたことがある、奏者を知らずに「クラシック」のCD（レコード）を買ったり、または家にあったりすると必ずといっていいほど当たる有名どころのフルート奏者ばかりだが、「フルートと言えば」、という奏者を自然に教えてくれたこと、その環境にとても感謝している。

とりわけ、ランパルの演奏するメルカダンテの協奏曲集のCDにどハマりし、それもなぜか一番有名なホ短調ではなくニ長調・・・を、好きすぎて車に乗っている時もずっと暗譜で歌っていた気持ち悪い子供だった・・・

ちなみに今でもメルカダンテをオーケストラと演奏するならニ長調の協奏曲が良い。

そのころはもちろんメールなどないので、父は海外出張に行くと、葉書を送ってくれた。我が父ながらセンスの良い可愛い絵葉書には、まだ漢字を沢山知らない娘のためにひらがなを多く使って書いていてくれた。

この葉書は留学中も今も持ち歩いてお守り代わりにしている。

そもそも、はまりやすく、その上凝り性だったので、例えばオルコットの『若草物語』を読んではまれば、オルコットの作品を端から読む、出版社違いで読んでは「この本は四女のことをエイミーって書いているけど、こっちはエミリーになってる」と翻訳の違いを見つけては悦に入る、まあまあオタク気質な子供だ。ルイス・キャロルの『不思議の国のアリス』にはまれば続編『鏡の国のアリス』はもちろんのこと、自分はイギリスのお話しが好きなのだと思うと、イギリスを題材にした話や、出てきたお屋敷の様子、紅茶やお菓子、アンティークなどに思いを馳せた。

熱心に読書にはまる孫娘に、「本を読むのは良いことだから」と祖父母が毎月、世界名作全集から、2冊ずつ送ってきてくれた。表紙を開いたところに「ゆかりさんへ　おじいちゃん　おばあちゃんより」と毎月書いてあった。

そんな私が外国に対する憧れが強くなるのも至極当然で、また、「音楽でなくても」いつか海外、とりわけイギリスに住んでみたいと強く思うようになる。

父は職業柄、自分の息子も娘も願えば一度は外国に出て勉強すれば良い、という考え方だったし、母はやりたいと自分が強く願ったことを見つけたのなら思う存分やったほうが良い、という考え方だったので、反対はされなかった。

溺愛して心配性だったのに、それよりも娘を信じてくれたのだろう。ただ、まさか12年も日本を離れることになるとは想像もしていなかったようだが。


いつか外国に行きたい、留学したい、イギリスに住みたい、という思いが年々強くなっていた頃、先輩の誘いでイギリス人フルート奏者のウィリアム・ベネット氏のマスタークラスを受講しにイギリス・バースに滞在した。

イギリスはもとより、ドイツ・スイス・ウイーンに住んでいる韓国人にアメリカ人、そして日本人と各国からフルートを勉強する人たちが集まり、レッスンを受けるのは大変刺激になった。

自分自身はイギリスに対する情熱だけが少々からまわりしている状態で下手くそだったが、それでも世界にはこんなに上手な奏者がいること、みんな自分の意見を持ってちゃんとディスカッションをすることに感銘を受けた。

そして、このマスター・クラスには公式伴奏者だった、ピアニストのクリフォード・ベンソン氏のソナタ・クラスと呼ばれる、ピアニストから見た、いわゆる室内楽的な観点でクラスを受けられる、というものが組み込まれていた。事実、クリフォードも当時英国王立音楽院の室内楽の客員教授だった。


私はそのレッスンに夢中になった。

今では日本でも、おそらく声楽の世界などは少しづつ、ピアニストによる「コレペティトゥール」という、もともとオペラ歌手などにピアノを弾きながら伴奏とアドヴァイスを受けるレッスンが増えてきたと思うが、おそらく日本の管弦楽器の世界では、まだまだ特別な機会以外は少ないと思う。

いわゆるピアニストの目線で、特にフルートやヴァイオリンといった、単旋律の楽器の奏者に対して和声的な進行・響きを教えてくれたりする。

楽曲分析をしながら、独特の表現で楽曲のしくみを共に考えていくことで、どういう風に表現・演奏するか、がどんどん分かってくる、という、当時の私にとって、目から鱗のレッスンだった。

これぞ私の求めていた音楽レッスン！

そう思った私は、クリフォードが来日するたび、レッスンを受けられる講習会などに足を運ぶようになった。

日本の音大では当時、室内楽のクラスもなく、自分の足らないところを自覚しながらも「ここにいて私は音楽家になれるのだろうか？」と思っていた。

そしてとうとう、両親を説得し、クリフォードにも思い切って「あなたのレッスンを受けるためにイギリスに渡っても良いでしょうか？」と訊くと、イミグレーションで見せるための英国での勉強についての身元引受け人になってくれるという証文も書いてくれることになり、とうとうイギリスに留学することとなった。

旅立つ日、関西空港に送りに来てくれた両親、兄と別れる際に、父が「どれくらい行ってくることになるかな」とつぶやいたとき、「一生行くつもりだけど・・・」と言う私と父の様子を見て母が、「に、2、3年で帰ってくるのよね?」と慌てて言っていたが、私はこの時、本当にそのつもりだった。

イミグレーションを抜けて階上を見上げると母が泣きながら手を振ってくれていたが、後に、「あなたなんてこと言うのよ。お父さん、あなたが見えなくなってから泣いてたんだから」と言われて、驚いた。

いつもおおらかで力強い父が私のことで泣くなんて見たことがなかったから。

それでも、ずっと息苦しく感じていた日本から脱出して、私は胸の奥にくっと感じる「希望」を抱いて、憧れつづけたイギリスへ旅立った。

97年のことである。

第二章　フルーティスト、ピアニストに習う

〜イギリス　タンブリッジ・ウェルズ〜

タンブリッジ・ウェルズ～イギリスのファミリー～

南イングランドのケント州タンブリッジ・ウェルズという場所にある、9歳違いで3人の男の子がいる典型的なイギリス人ファミリーの家にホームステイすることになった。『くまのプーさん』で有名なA．A．ミルンが住んでいたところ、ハートフィールドの森があるところだ。

もっともこのハートフィールドの森はずっと郊外にあり、車で連れて行ってもらわないと自力で行くのは少々不便なところだが、それゆえに、森が美しく空気が綺麗で、小さな川にかかった小さな橋の上から棒流しをするのはさながらミルンの世界だ。

タンブリッジ・ウェルズには音楽コンクールもあり、ヴィクトリアン調の美しい街である。日本でホームステイ先を紹介してくれる会社を探して見つけた。クリフォードの住んでいるトンブリッジ（Tonbridge）という地名だけを頼りに、名前だけはよく似ているタンブリッジ・ウェルズ（Tunbridge wells）の家を紹介してもらった。

ホストファミリーの名前はSalter, ソルターさんといい、父はホストマザーから送られてきた手紙を読み、ホスト先の情報を見ながら、「Salter= 塩辛いんだな」と言って笑った。

ホストファザーの名前はポール、ブリティッシュ・テレコムに勤める、フットボール（サッカー）とバイクが好きな、落ち着いた、お父さん。

ホストマザーの名前はステファニー。保育士の免許を持っていて、よく家で子供を預かるベビーシッターや、乳幼児も預かるナニーの仕事もしていた。お陰で英国の可愛い赤ちゃんに沢山会うことが出来た。ホストファミリーとしての仕事はステファニーの管轄らしい。

とってもおしゃべり好きでお料理が好きな、愛情いっぱいのお母さん。

そして、9歳づつ離れた3人の息子・18歳のデイヴィッド、9歳のエドワード、9ヶ月のハリーという兄弟がいた。

「みんな王様の名前だね」とこれまた父が笑う。

そして忘れてはいけない。猫のトーマスとジェフロ。

97年の秋から本格的にこの家にお世話になり始めたが、実はその年の春にも短期留学でソルター家にお世話になっていた。

本格的に留学を決める前に、ちゃんとやっていけるか、本当にここで勉強したいと思うか、見てみたかったのだ。

初めて家族以外の人と生活を共にするのは、思ったよりも気を遣ったが、主にまだ9ヶ月の赤ちゃんだったハリーと、9歳のエドワードとのやりとりはまだ英語が話せなかった私には一緒に成長していく可愛いペースメーカー（？）で、タンブリッジ・ウェルズの街並みは美しく、ずっと憧れていたイギリスがそこにはあった。

短期留学を終え、ますますイギリス熱が嵩じた私は、ロンドンに住もうか、色々考えもしたが、ホームステイとはいえ、自分の部屋が母屋と同じ敷地内の離れにあり、プライヴェートが守られていること、ゆえに練習が気兼ねなくできることは大きかった。

大きな庭があり後ろのほうは森と繋がっていて、どこまでが庭かわからない。リスや鳥が遊びに来た。

シャワールームもトイレも別々で、部屋の調度品は高級なものではないかもしれないが、シックなイングリッシュ・アンティーク・テイストで、カーテンやベッドカヴァーなどのファブリックはローラ・アシュレイで揃えられていた。清潔で安全な、タンブリッジ・ウェルズのこの「Green Shaw」と屋号のついた家に再び秋からお世話になることにした。

そしてなにより。

実はこの家からバスで2つくらい先の停留所のところに、なんとクリフォードの家があったのだ・・・！

これはもう運命としか、言いようがないではありませんか。

そんなわけで、イギリスでの住まいをここ、ケント州タンブリッジ・ウェルズのソルター家に決め、私のイギリス生活が始まった。

日本の両親には、毎日日記形式で手紙を書き、週末ごとに送っていた。ネットもスマホもない時代だ。その上ソルター家にはＦＡＸもない。

ポールの勤務先はブリティッシュ・テレコムなのに。

携帯電話を持つまでは、近所に一件しかない「よろずやさん」の前にぽつん、とある電話ＢＯＸに、時差があるので夜になると出かけて行った。

両親との会話を終え、半分元気に、半分寂しい思いで電話ＢＯＸを出て空を見上げると星が瞬いている。春には白いマグノリアの花を付けた木がまるで光っているように見えた。

これから頑張らなきゃ。そう思った。

フルーティスト、ピアニストに習う

そんな経緯を経て、英国人ピアニストであり、作曲家、そして英国王立音楽院室内楽科の客員教授であるクリフォード・ベンソンに師事するために満を持してイギリスに渡ることが出来た。

ピアニストなので他の楽器の技術を教えるわけではない。

国の背景や作曲家の意図・そしてピアノや他楽器と演奏する際のバランスなどを一緒に演奏しながらレクチャーしてくれるというものだ。

いわば、技術が先ではなく〝表現するための技術〟を身につける。技術は後。

絵画でいうと、見たまま描くのか、心象風景をいかに表現するか、が違う。

楽譜の背景に書かれている作曲家の意図を読みとる。

その上で、ではその様な音を奏でるにはどうしたら良いか?を自分で考える。

考えた後に、つかんだものを正しく表現するために技術を付ける為の練習をする。

まず技術でなんとかなるのではないか、という考えが捨てられない人は、フランス人の柔道と同じで、「日本の柔道」を理解せず力で無理矢理表現している感じだ。

ウェールズ出身の綺麗な声（イギリスではウェールズ出身の人は歌が上手で合唱も盛ん

といわれている）を持つソプラノ歌手の最愛である奥さんのディリス。フルート奏者の長女・セーラとケンブリッジ大学の学生でインテリジェントな次女のエミリー。セーラは音楽大学ではなく、普通の大学の音楽学部を卒業し、タンブリッジ・ウェルズの楽器屋さんに勤めながら時々演奏活動をしていた。セーラはディリス似。エミリーもディリス仕込みの美しい声の持ち主だったが、音楽大学には進まず、ケンブリッジ大学へ行き、ケンブリッジも昔から合唱が盛んで有名なので、そちらで歌っていた。そしてエミリーはクリフォードにそっくりだった。

同世代のイギリス人の友人がまわりにいなかったので、時々だが、セーラに会えると嬉しかった。私がクリフォードにレッスンを受けている時に外出から帰って来ると、ドア越しに sounds good! と叫んでくれたり、落ち込んでいたら、自分が緊張した時の話をしてくれたり、気に入りのドラマの録画を忘れてしまった話をしてくれたり。

お父さんの日本からの生徒、というスタンスを崩さないながらも思いやりのある接し方は、育ちの良い英国のお嬢さん、という感じだった。

クリフォードの方も、ある日、私が「セーラに日本から持って来たプレゼントをあげたのよ。そうしたら、セーラが御礼を言ってくれてね・・・」というと、あの子はちゃんとお礼を言ったんだね、と〝お父さん〟の表情をしていた。

「でね、セーラのお礼の言い方が、とても照れ臭そうだったんだけど、私もお礼を言われてちょっと気恥ずかしく思って、なんだか変な感じだったの」というと、「わかるよ。人は〝ありがとう〟って言っても言われても照れてしまうのは、どうしてだろうね」と、彼がピアノの前に座って、ふっと目を伏せて笑ったのを今でもよく覚えている。

クリフォード・ベンソンというピアニスト・名伴奏者、名コーチと出会えたことは、私の音楽史上でもこの上なく幸せなことではあるが、実は後に困ったこともあった。それは彼以上のフルートをよく理解したピアニスト・伴奏者になかなか出逢えないことである。彼を知っている人は「クリフォードと比べちゃだめだよ。彼はなんでも弾けるし、どんな奏者にも合わせせられるから！」と笑った。

パトリシアのカンヴァセーション・レッスン

今回は短期留学でもなく、よりレッスンを理解するには英語も話せないといけないので、クリフォードの家の隣の通りに住んでいた、パトリシアという年配の女性を紹介された。美しい銀髪で、ずんぐりとした体形の好奇心旺盛な女性だった。

パトリシアは長年、様々な国からの留学生の面倒を見ており、ベテランの英語の先生だった。

毎週1、2回の英語のレッスンに、お城や貴族のお屋敷などに車で連れて行ってくれる、「校外学習」が実に面白かった。カントリーサイドのアフタヌーンティーに連れて行ってくれたり、彼女はナショナルトラスト（歴史的建築物、自然的景勝地の保護を目的としたボランティア団体）のメンバーであったので、そういった建物に連れて行ってくれた際は、かなりプロフェッショナルなガイドをしてくれた。

日々の会話のための英語はもちろん、新聞や何かのコラムをコピーしてくれて、英和辞典は使わずに知らない単語をひろい、話しながら理解し、その言葉を使って話す、書く訓練をし、そのトピックについて語る。

パトリシアのレッスンでは毎回アールグレイやラプサンスーチョンといったベルガモット系の香りの紅茶を飲みながらだった。

しかし、紅茶の国・イギリスの珈琲の消費量は紅茶を上回る、という統計についての記事を読みながら教えてもらったのもこの時で、まだスターバックスが出現する前の話だ。

パトリシアには、可愛い孫もいて、よく預かっていた。当時まだ3歳くらいだったアレクサンドラという、くるくるの赤い髪の巻き毛が可愛い男の子で、しばしば、アレクサンドラも一緒の時を過ごし、そこここにいる、羊を見て名前を付けたり、それはそれは可愛いかった。

私がイギリスに居る間に、日本からアサミさんという大学生が短期留学で来ていた。

京都の大学生だったアサミとはすぐに仲良くなり、私がここにいた2年間で2回来ただろうか、毎回大学の休みを利用しての滞在だったので、短かったが、それでも近くに年の近い女性にたまに会えると、パトリシアのレッスンも楽しかったし、一緒に出掛けたのもまた違った雰囲気で気分が変わって良かった。

そして日本人以外にも印象的なパトリシアの生徒に会った。


名前をヴァイヴァといって、年のころは今の私くらいだっただろうか。

パトリシアの紹介によると、ラトヴィアは旧ソ連から91年に独立して自由に国を行き来できるようになったが、まだまだ自分で留学するには貧富の差がある国、ヴァイヴァは理解のある会社に勤めていて、会社が費用を出してくれてイギリスに英語を学びに来たのよ、と。

それが1997年のことで、私の初めてのラトビアと言う国、そしてラトビアの人、ひいては旧東欧圏の人との出会いだったと思う。

ヴァイヴァは背が高く、よく見るときれいな菫色のような青い目をしていて、優しく大人しい女性だった。

ヴァイヴァも私の滞在中に2回パトリシアのところへ勉強しにやってきた。

2回目に来た時は、髪もすっきりとカットし、明るくなったような気がしたが、パトリシアも、ヴァイヴァはだいぶ垢抜けて、服装も女性らしくなったでしょう?きっと、暮らし向きが良くなって、自信が出てきたんだと思うわ、英語も前よりずっと積極的に話すようになったのよ、とささやいた。

旧東欧の情勢や、その発展が、住んでいる国民の自信や活力という事にこんなにも繋がるという事を、恵まれた日本から来た20代前半の学生が初めて少しだけ考えた出会いだった。

クリフォードのレッスンは、個人レッスンにとどまらず、王立音楽院でのレッスン、彼のコンサートや彼が審査する作曲コンクール、また、彼の家族ぐるみのパーティーなど、どこへ行くにも連れて行ってもらった。

アムステルダムから有名な古楽の楽団が来た際は、車以外ではどうやって行くの?という村の教会まで一緒に連れて行ってくれたりした。

しかもそういった辺鄙なロケーションにもかかわらず、満席のお客様で、そういったところは日本との文化の違いを感じた。

ときには現地でパトリシアと、普段は新聞社に勤めている傍ら、作曲家でもあるパトリシアのご主人のローリーと合流して、演奏後はみんなでワインやジントニック、そしてビールなどを飲みながら会話を楽しんだ。

ローリーはなんとパトリシアより25歳年下で、最近ではフランスのマクロン首相の奥様が確か24歳年上で世間ではびっくりされていたが、「若くて」「可愛い」が価値観の日本人と比べておそらくだいぶ成熟した感覚だと思う。

それより驚いたのは、ローリーは、ローリーは・・・パトリシアの息子の同級生だったのだ！

当の息子のジェームスに言わせると、「そうだよ。ていうか、俺の母ちゃん昔はジャクリン・アナイスそっくりだったんだぜ」

またまた・・・と思って、写真を見せてもらうと。再びびっくり。

そこにはジャクリン・アナイスそっくりな美女が写っているではありませんか。

毎朝15分・エドワード式練習法?!

集中力というのは大人でも20分が限度らしい。

私がソルター家にホームステイしている間の2年間、次男のエドワードは毎朝学校へ行く前の15分、必ずピアノの練習をしていた。

朝起きて、身支度をし、朝食を食べたらピアノを弾く、が毎朝のルーティンになっていた。

これは、彼が習っていたピアノの先生の教えらしいが、とても理に適っている。

まず、学校が終わってからの放課後、となると、親も子供もイレギュラーなことが起きやすい。他の習い事や兄弟の用事もある。そうなるとルーティンが壊れやすくなる。

でも朝、学校に行く前だったら？

必ず同じ時間に起きて、身支度、朝食、が終わったらピアノ、と組み込んでおけば必ず練習出来る。

この場合、要なのは、長時間ではないことだ。

毎日1時間以上練習しなさい、と言われると途端にハードルが高くなる。

でも15分だったら？

これはヴァイオリニストの諏訪内晶子さんも著書『ヴァイオリンと翔る』に書いていらした。

未就学児だった頃からヴァイオリンを習っていた諏訪内さんは、ご飯を食べて歯磨きをしたらヴァイオリン、という一連の動作が条件反射で入っていたそうで、ヴァイオリンの練習が苦痛ではなかった、と。歯磨きをしたら練習するものだと思っていたから、と。

エドワードの練習方法も然りで、毎朝学校に行くまでの15分をピアノの練習・復習にあてる。

レッスンの日は、放課後も、ピアノのレッスンに行くまでの時間にひと通り「確認」の練習をしてレッスンに行く。

どこにも無理をして練習をしているところがないので、レッスン自体はもちろん、グレード試験や発表会などで苦労をしている様子はなかった。

それどころか、級が進み、本人の得意なスタイルが見受けられたら、先生から、「ジャズの奏法のレッスンも取ってみる？」との提案もあった。

ヨーロピアンの〝得意なものを子供のころからトライさせてあげて、自然に学ぶ〟というのはこういうやり方だからなのだな、と思った。

もちろん、曲の難易度が上がり、長い曲を演奏するようになると自ずと練習時間は長くなるが、そのころには「練習の習慣」が既に身についているので、少しづつ練習時間を延ばしていくことも自然に出来るようになる。

だから、私は自身の生徒にも初心者で子供であれば特に、毎日決まった時間にルーティンで15分練習するようにして下さい、と言う。

上手く実行出来ている生徒はほぼ滞りなく上達していっている。

それは子供だから・・・と思わないでほしい。大人でも応用は可能だ。

よくいつまでたっても上手にならない、練習しているのに、という人がよくいるが、そういう人も考えてみてほしい。その練習は毎日コンスタントにしている練習ですか？

たまに1時間やって、疲れて練習した気でいていませんか？

まずは出来るだけ毎日短い時間でも続けて練習してみる、から始めてみて欲しい。

もちろん大人は子供と違って、ルーティンが壊れることも多いと思う。

そういう人はあらかじめこう思ってから始めて欲しい。

「もし、ルーティンが壊れる日があっても構わない。また出来るときからルーティンを始める」と。

壊れてから思うと、言い訳みたいに思って自分を責めてしまい、やっぱり無理なんだ、と思ってしまうが、最初から「毎日15分だけは練習する」と「マイルール」にしてやってみてほしい。でも、出来ない日があっても落ち込まない。その次の日から続きをやる。

「こうでないと」と思い過ぎるとなんでも重荷になる。

そして、時間に余裕があったり、とりあえず15分、が楽しくなってきて15分オーバーして練習しても、もちろんOK．そういう日は「今日はすごく頑張った！」と自分で自分を誉めてあげてほしい。

かくいう私も留学時代、前の日の練習疲れや、諸々の理由で練習が億劫になった日も、「20分だけ、20分だけやったら良しとしよう」と思ってえいっと楽器を出して練習を始めると、20分経った頃にはいつももっと練習をしたくなっていた。

これは音楽だけではなく、「数学の問題を1問だけ解いて寝よう」「英文和訳を一段だけやってからにしよう」でも効果的なので、やってみてほしい。

毎回のレッスンの課題が増えても、まとまった時間を毎日取ることが難しい時も、朝15分、昼15分、夜15分とやってみてほしい。朝はロングトーン、昼はエチュード、夜は曲、と言った感じでバランスよく。

音楽家は毎日何時間も練習しなくてはいけない印象だと思うし、本当によく受ける質問の一、二位を争うものが「毎日どれくらい練習するんですか？」である。

実際私の学生時代は毎日10時間練習しろ、と言われる時代だったが、たとえば週末だと朝3時間、昼3時間、夜3時間で計9時間練習出来る。

10時間連続しようと思うと大変だがそう考えると少し気持ちが楽になる。これは大学時代の恩師の教えだ。

実際はやり始めると気がついたら時間が経っている感じ。今は平均して4~5時間毎日練習出来ればいいが、体や頭への負担を考えて練習する。

あえて練習せずに勇気をもって休むときは休む。最も、若い時はやってもやっても時間が足りなく、逆に体が疲労しても回復が早い。

ただ、後の体への負担を考えると、45分やって15分休む、の繰り返しが理想だと思う。

では、何よりそのエドワード自身はその後どうなったか?

私がイギリスを離れてからしばらくしてエドワードはピアノと並行してサックスを始め、なんと音楽大学ではないが、総合大学の音楽学部に入学したのだ。

最後に聞いたときは香港でミキサーやアレンジャーなどの仕事をしていた。

ステファニーは「ユカリがこの家で沢山フルートを練習していた影響もあると思うわ」と言ってくれた。

照れくさくて「なんでエドワードもハリーもフルートじゃないの?」と言い返したが、細くて小さかったエドワードが背も高くなり、がっちりとした英国美青年になって、「今、大学でこういう曲のアレンジをして、コンピューターでこういう加工をしたりしてるんだ」と嬉しそうに話してくれたのをなんだか頼もしく、眩しく感じた。

ほら。毎朝15分の習慣で、ここまで来ることは可能なのだ。

タンブリッジ・ウェルズの旧王立オペラ劇場

タンブリッジウェルズ駅と薄暮の坂道

ワイト島のおじいちゃんとおばあちゃん

ソルター家のお父さん、ポールの両親、つまり子供たちのおじいちゃんとおばあちゃんはイギリスのメインアイランドからフェリーで1時間のワイト島（Isle of wight）に住んでいた。

ワイト島には車ごとフェリーで移動できるレッド・フュンという船が発着している。伝統のある王立ヨットハーバー、ヨットレースがあり、大きなロックフェスティバルも開催される。2度ほど行ったと思うが、ワイト島に行くことが出来るなんて、本当に得難い経験をしたと思う。

イギリスは高速列車のユーロスターが通っているので、ベルギーやパリに電車に乗って行くことが出来たし、当時、仕事でパリに来ていた父にも会いに行ったり、船でフランスの街・カレーまで行くことが出来た。

ステファニーは船酔いをするので、たまにはユーロスターで行きたいと文句を言っていたが、ポールは、「絶対船が良い。だってロマンチックじゃないか！」と譲らないのだった。でも確かにポールが言うように、風に吹かれながらドーヴァー海峡を越えて船で向こう岸の別の国へ行くのはロマンチックなことだった。

クリスマス・ショッピングといって、クリスマスプレゼントを買いにカレーまでソルター家と行ったときは、晩秋にもかかわらず、夕方には真っ暗で寒かったが、イギリスとは違う夜のフランスの片田舎の街並みを車の中から見るのは楽しかった。

イーナ伯母さんと呼ばれている、ポール方の親戚筋の伯母さんもイースターやクリスマスなど、家族のイベントの際は滞在していった。

イーナ伯母さんは便宜上、伯母さんと書くが、ポールの親戚筋ではあるが、実際はポールの両親の姉ではないようだった。

しかし、伯母さんのことは子供たちも含め、皆とても慕っていて、「私を誘ってくれてありがとう」と毎回言う伯母さんに、みんな「伯母さんも大事な家族だよ」と言っていた。ステファニーも時折、イーナ伯母さんの住んでいる高齢者住宅に顔を出して様子を見に行っていた。

私も一度、エドワードと一緒についていったことがあった。

家族のいない、イーナ伯母さんは日本人の私を他の入居者たちにとても自慢気に紹介した。

「この子、ユカリっていうのよ。日本人で、フルートを吹くのよ。綺麗な黒い髪を上手に結ってるでしょう?」と編み込んだ私の髪まで誉めてくれる。

今思えば、ステファニーは良い経験をさせてくれたと思う。

ある日、イーナ伯母さんがやはりソルター家に滞在していた日があった。

その日はポピーデーと呼ばれる、(Remembrance Day、もしくはPoppy Day)は、1918年11月11日の第一次世界大戦終結を記念して、戦没者を悼む日だった。皆赤い造花のポピー(ひなげし)を胸に差している。

その追悼記念式典のテレビ中継をみんなで観ていた時だ。

不意にイーナ伯母さんが中継に合わせて国歌を歌い出した。そこにいた、一同が一瞬びっくりしていたと思う。ポールも。エドワードも。

イーナ伯母さんは生涯独身だったが、思いのほか低い声で戦没者のためのイギリス国歌をしっかりと歌うイーナ伯母さんの声は胸にずっしり響いた。


9歳から11歳まで一緒に過ごしたエドワードと9ヶ月から3歳近くまで一緒に過ごしたハリーとは沢山の思い出がある。

とりわけエドワードは小学生で兄弟の中でもおしゃべりが好きで、私の良き英語の先生だった。

小学校であったことや様々な事柄を子供の特性で一方的にしゃべってくれるので、かなりヒアリングの勉強になったと思う。

ハリーは赤ちゃんだったので、少しづつ言葉を覚えたり、片言で歌を唄ったりする様子を見て一緒に英語を学んだ。

超絶早口でマシンガントークのステファニーは「子供は大人と違って加減してしゃべってくれたりしないからいい勉強相手よね～！」と言っていたが、皆「あんたが一番早口でおしゃべりだろう・・・」という空気になっていた事は本人は気付いていない。

ハリーは、まだ英語が上手く話せなかった時に手持無沙汰だったときや、ステファニーとポールの夫婦喧嘩（ヨーロピアンの夫婦喧嘩はなかなか激しい）やエドワードがお説教（これもまた激しい）されているときなど、そんな中でも赤ちゃん特有のマイペースさでそこにおり、天使の様な真っ白な肌ときれいな金髪の頭を撫でながら、困ったね、と目線を送ったりして、関係を密にしていた。

お陰でハリーは歩けるようになったころ、家族意外とは手を繋ぎたがらない子供だったが、私とは普通に手を繋いでくれていた。（そしてそれを教えてくれたのはエドワード）

楽しいホームステイ生活のなかでも、とても悲しいこともあった。

実はステファニーは、私が住み始めてしばらくした頃、４人目の赤ちゃんを妊娠した。そのニュースを聞いた時は驚いた反面、この小さなハリーの下にまだ小さい赤ちゃんがやってくるのか、とやはり嬉しい気持ちになった。

もちろんソルター家の家族全員が新しい家族を迎えるのにソワソワと日々喜びを隠せない様子だった。

日に日に大きくなっていくステファニーのお腹を見て、いまかいまかと待ち望んでいたある日。もう臨月を迎えていたステファニーが病院に運ばれていった。てっきり出産の日を迎えたのだと思った。

しかし病院から帰ってきたポールから聞いたニュースは全く望んでいない真逆のニュースだった。

「赤ちゃんはだめだったんだ。死産だったんだ」

私は驚き、こういう時にどう言っていいかわからず、ただ、可哀想に・・・と放心した状態で何度もつぶやいた。

エドワードはまだ知らないんだ、明日、改めて僕から話すから、というポールの言葉に辛うじてうなずき、自室のドアを閉めて一人の部屋で声を押し殺して泣いた。

翌朝目が覚めて、朝食のためにキッチンへ行くと、どうやら話を聞いたらしいエドワードが、少しでも役に立とうと思ったのか、ステファニーを真似して、私の朝食用の紅茶を淹れようと、椅子に上って、紅茶の入った棚の前からくるっと私の方を向き、

「ユカリ、僕はとってもとってもショックだよ」と言った。

エドワードが見様見真似で淹れてくれた、お湯がしっかり沸いていなくてぬるく、味もしっかり出ていない紅茶をなんとも言えない気持ちで飲み干した。

数日後、入院先から帰ってきたステファニーがガウン姿で「もう大丈夫よ。私には大事な息子が3人もいるし、ハリーはまだこんなに小さくて、悲しんでいる暇はないもの」と朝食を食べるハリーの頭を撫でながら笑顔で言った。

しかしそのまた数日後、赤ちゃんの葬儀の日。ソルター家の玄関で葬儀社の車が来るのを全員で待っていた。ワイト島から来たポールの両親、ティリーとチャーリーもいる。

黒塗りの車の屋根に赤ちゃんの大きさの小さな小さな棺がグレーと白のりぼんで括りつけられて家の前につけられた瞬間。ステファニーが一瞬、気を失い、後ろに立っていたポールが支えた。その霊柩車について教会まで行き、葬儀が家族だけで執り行われた。

留学をしてきて、英語を勉強し始めた時、私は思ったことがある。

「出来るだけネガティブな言葉を使うことがありませんように。極力ネガティブな言葉は覚えずにすみますように」と。

しかし、生活をしていると、当たり前だが、日常はネガティブな感情や事件に溢れている。悲しい、悔しい、腹が立つ、後悔、批判、噂話。でもやっぱり覚えたくなかった。

「Still born」スティル　ボーン（死産）静止する誕生。

ある日、エドワードが学校から帰ってきて、図工の時間に作った家の模型を見せてくれた。「これはね、スペイン風の家にしたんだよ」と夏のホリデーに家族でスペインに行った影響だろうか、そんなことを思いながら、６つ窓がある家を見て「そう。素敵ね」と答えると「ここがダディ、ここがマミィ、ここがデイヴ、ここが僕で、ここがハリーの部屋「・・・そしてここがね、ユカリの部屋だよ」と最後の窓を指さしてエドワードが言った。驚いたけれど、とても可愛く、嬉しかった。

そんなソルター家とも離れる時が来た。

離れるとなると本当に走馬灯のように思い出が巡る。

何せ子供の頃から憧れ続けたイギリス生活だ。

来る日も来る日も躍起になって練習をしていた時、ステファニーがドアをノックして「ユカリ、今日は私達とピクニックに行くのよ」と連れ出してくれたこと。公園の芝生の緑にステファニーの作ってくれた卵とクレソンのサンドイッチ、風に吹かれながらエドワードとハリーと座って食べた。

毎朝お皿を洗うポールの横で濡れたお皿を拭きながら、お天気の話をしたり、郵便配達夫が入ってくる様子を見て話したり、それがとても英語の勉強になったし、私の唯一の「お手伝い」だった。その郵便配達夫が届けてくれる郵便物の中に自分宛ての日本からのエアメイルを本当に楽しみにしていた。郵便配達夫の制服が冬服から夏服に変わるのが好きで、夏服の青いストライプのシャツに紺色のハーフパンツというのがとてもお洒落だった。演奏が上手くいかず、レッスンも振るわない時、雨の日に猫のトーマスと一緒に雨を見上げていたこと。ワイト島のおばあちゃん、ティリーとハリーと散歩に出かけて本物の「イングリッシュ・ガーデン」を見ながら、デイジー、ハニー・シュクル・・・と花の名前を教えてもらいながら、本当にアルフレッド・テニスンの詩の世界だなあ、と思ったこと。

一緒にBBCプロムスをテレビで鑑賞して、ポールが「僕は音楽の専門的なことはわからないけれど、これを観ると、毎年温かい気持ちになるんだ」と言ったこと。

憧れ続けたイギリスに、大好きなクリフォード、ソルター家。

後ろ髪を引かれるが、まだまだ「フルート」との距離も含めてちゃんと「自分」を見てみたい。

私はフルートの先生ではなくピアノ（室内楽）の先生を追って海を渡った変わり者かも知れなかったが、あの時クリフォードを追いかけてイギリスに行ったことは全く間違いでなかったと確信している。

世界のビール小話〜イギリス編 ギネス〜

イギリスといえば、アイルランドのギネス。

イギリスの正式名称は
グレートブリテン及び北アイルランド連合王国。
ギネスは 1759 年以来、ダブリンのセント・ジェームズ・ゲート醸造所に生まれた黒スタウト（ビールの一種）を生産している。
黒いビールを注いだハーフパイント（UK の 1 パイント 568ml の半分）グラスにはアイリッシュ・ハープのマークでお馴染みだ。

日本人訛りの英語とスコティッシュ訛りのガールズが、
ウェールズの田舎のパブで塩気たっぷりのクリスプス（ポテトチップス）に
ハーフパイントのギネスを飲みながらの話題はお決まりの
全世界の女子の感心事、
恋愛話や将来の夢。
飲み仲間として選んでくれたのが嬉しくて会話を楽しんだ。

卒業したらクラリネット奏者よりもミュージカルスターになりたいの。
なんで、笑うの？私真剣なのよ。

知ってる。
時々ピアノに向かってミュージカルの楽譜を広げていたことを。

第三章　デンマーク

オップリュスニング「灯りをともすこと」

デンマークへ

冬の北欧の朝は暗い。

8時を過ぎてもなお陽は昇らず、外はまだ夜の暗さだ。

コペンハーゲンに住んでいたのは1999年から2001年のことで、ロンドンやパリの様な大都市と違い、当時のコペンハーゲンには日本の書籍を扱う書店などなかった。活字に飢えた私が週に一度、とても楽しみにしていたのが、コペンハーゲン中央駅のニュース・スタンドで水曜日の朝、早起きして買いに行った、朝日新聞と日経新聞だった。

購入すると、家に帰る間ももどかしく、ニュース・スタンドの隣の黄色い椅子のあるコンディトリ（パン屋兼カフェ）で、買ったばかりの新聞をすみからすみまで、（後にこの〝新聞をすみからすみまで〟というフレーズは両親の気に入りの表現となる）はやる気持ちを抑えながら読んだ。

一面や三面記事、インタビューや広告、こちらでは観ることの出来ないテレビ欄、そして当時連載されていた、三谷幸喜さんのエッセイ。

きっちり呼んでしまうと後の楽しみが減ってしまうので、あえてざっくり読むようにし、（しかし結局抑えきれずしっかりと読んでしまうのだが）一通り目を通して視線を上げると、真っ暗だった中央駅にも、うすく光が射し込んでいる。

他の曜日とは違う、少しだけ満ち足りた気分でバターたっぷりのデニッシュ・ペストリーを香ばしいコーヒーで流し込み、〝ああ、早く次の水曜日がこないかな〟とすでに翌週の新聞が、待ち遠しくなっている。

～北の魔術師と出会う～ トーケ・ルン・クリスチャンセン

トーケ・ルン・クリスチャンセンは当時デンマーク放送交響楽団首席フルート奏者であり、王立音楽院教授だった。作曲家クーラウの研究家でもあり、ルン・クリスチャンセン家というとデンマークでは有名な音楽一家だった。

イギリスに住んでいる時に手にした1枚のCD、デンマークを代表する作曲家・カール・ニールセンのフルート協奏曲を収録したものが大変気に入っていた。

素朴だけれど、知的で上品な音、でもフランス風のエッセンスもあり大層惹かれた。大音量で演奏しているわけでもないのに音はよく響き、また、さりげない感じなのにテクニックは抜群で、音楽的にも無理のない解釈で、北の魔術師の異名通りだった。その北の魔術師に是非とも師事したく思い、学校に連絡をして電話番号を教えてもらった。当時はデンマークだけでなく、どこの国の音楽院やオーケストラも聞けば先生や奏者の電話番号や住所を教えてくれた。

信じられない話だが、学校によってはプロスペクタス（募集要項）に先生の連絡先が書いてあることもあった。

まだインターネットも一般的ではなく、すべて紙と電話でやりとりされた時代だ。

何度かイギリスから電話をしてみたが、留守が続いたので、留守番電話とFAXを残したが、届いていないかしら、または、受け入れてもらえないかな、と思い始めた日。デンマークのトーケから電話がかかってきた。夏のツアーとヴァカンスで家にいなかったので、返事が遅れてすまない、という話の後、ひとしきりレッスンの話になり、「いいでしょう。秋からあなたをみましょう」と言ってもらえた。

あまりプライヴェートでは生徒をとらないようだったので、とても嬉しかった。

後に父が出張のついでにデンマークに立ち寄ってくれて、トーケの家で一緒にお茶を飲みながら話したとき父に、

「お前の娘は根性あるな。僕のレッスンを受けたい、という日本人はたいてい日本の先生に連れられてきたり、学校の紹介だったりするのに、自分でイギリスからFAXを送ってきたよ」

「自分」を選んで国を越えて来てくれた生徒、という別の意味で喜んでいたのだと思う。自分の意志で、誰の紹介も通さず風変わりな日本人とも見える行為だと取られても仕方がないと思っていたが、トーケにはその本質的な意図、「想い」は伝わっていたと思った。そういった意味の「トーン」が合う、とお互い感じていたと思う。電話をすれば本題からすぐ入るし、説明しなくとも通じる心理的な動きは心地よかった。

今でもその時の様子を父はおかしそうに、そして嬉しそうに話す。

どうやらうちの父は一般的な褒められ方より娘が自分でアクションを起こしたことを認めてくれる事の方が嬉しいらしい。

父「このお茶美味しいですね」
トーケ「お前の娘が淹れたんだよ」
と言って二人が顔を見合わせながら笑っていたのを今でも思い出す。

デンマークのフォルケホイスコーレ

クリフォードのレッスンを軸に、イギリスに住んで暫くしてから、ある音楽家の紹介でフルートのレッスンも受けていた。ロンドンフィル、ロイヤルフィルなどのフルート奏者はじめ立派な先生方に師事することが出来た。そのメソードはフレンチスクールの流れを汲んでいて、音色は派手ではないが知的で上品な英国風の考え、あの時作ったレパートリーは後年本当によく演奏することになった。

しかし依然、自分にとってのフルートとの関わり方、を俯瞰してみつめたい、という思いは強かった。

音楽と語学が盛んで、コペンハーゲンと同じ、シェラン島のスケルスケアという街にある、フォルケホイスコーレに併設された寮に住んで、コペンハーゲンのトーケのレッスンに通うことにした。

フォルケホイスコーレ＝国民高等学校と訳される。デンマーク発祥のフリースクールで、19世紀にラテン語で学問を行っていたこの国で、日常使うデンマーク語で誰もが学べるようにと、グルンドヴィという牧師によって創設された。

学校の制度が変わっても受け継がれ、17歳以上であれば学ぶことが出来る。先生もその家族も生徒も同じ校内に住んで、ある種ひとつの共同体を作って、暮らしの中で同じ時間を共有しながら学ぶ。入学試験も卒業資格もない。「教育」とは言わず「オップリュスニング」という、啓蒙・啓発と言う意味でこの言葉を使っている。

オップリュスニング＝デンマーク語で「明かりを灯すこと」

国際ホイスコーレ協会の冊子をイギリスに取り寄せて、何度かデンマークに足を運び、コペンハーゲンと同じシェラン島にあるホイスコーレを選んだ。

ここは悩みながらいてもいい、考えながらいてもいい場所だった。

年齢や国籍、学歴問わず一緒に学べる、過ごせる、というのはよく考えたら義務教育を終えてからは殆ど皆無に等しくはないか？

両親はヨーロッパに留学するにあたって、「音楽だけではなくヨーロッパ生活を学んで来なさい」と言ってくれていた。

たとえ音楽家になれなかったとしても、とことんまで考えやり抜いた先に何かを得られればそれで良いという考え方だった。

音楽は私自身が決めた道だから私自身が本気で取り組むことと覚悟していたが、それでもくじけそうになった時の、その親の深い理解にひたすら感謝している。

日本では、止めるのではなく、一度ゆるめて自分の人生を見つめ直す、考える、がとても難しいことのよう、贅沢なことのようにされている。

休むことは悪で、休んではいけないこと、と。「休む勇気」が持てないのだ。でも間（あいだ）の時間があってもいいのではないだろうか。

私もいつも自分のセンター（中心）にあるものはフルート・音楽であり、それを完全に止めていたことはない。ただ、大切だからこそそれを冷静にみつめる時間、場所が欲しいと思っていた。

だけど、この国ではそれが「当たり前」のこととして受け入れられている。正にそれがグルンドヴィが促した「啓発」そのものではないか。

しかしフォルケホイスコーレでの生活はなかなか大変だった。

デンマークおよび北欧諸国は国民への社会保障が充実した国で有名だ。学生なら私がいた当時で毎月7万円くらいが国から支給されていたと思う。

もちろん国としてはその費用が自分の勉強や目標、または日々の生活に役立てるために支給しているのだが、しかし、何もせずにお金をもらえると必ずそこには副作用が起こる。真面目な北欧人含む、勉強やこれからのことを考えてここに来る学生達と、国から出るお金でただ暇つぶしをするデンマーク人が混在することになるのだ。

デンマーク人でも、大学に入る前や後に一度ここに来る人や、北欧はまだ徴兵制があるので兵役に行く前や後の時間を過ごすための人、長年勤めあげた夫婦が共にゆっくり学んだりする人たちがいて、例えばそういう目的のために国はお金を支給しているのだが、片や、フォルケホイスコーレに在学しているということにして（〝学生〟が支給対象だから）、時間をつぶし、南米に行けるオプションがあるから、という名目でスペイン語コースを取り、アルコールにお金をつぎ込む学生もたくさんいた。デンマークは16歳から飲酒が許可されており、アルコールホリックが多いのが実は社会問題になっている。また、クリスチャニアという地区限定でドラッグも合法だった。

そんな二極化した学生達がわかりあえるはずもなく、真面目な人ほど相容れない価値観と葛藤することになる。そしてフォルケホイスコーレの自由を尊重する、自己啓発を促す学校では先生がそれを咎めることはない。〝共存〟を学ぶ場所だからだ。

寮ではエストニア、リトアニア、そしてラトヴィアからもとてもきれいでかしこくて、そしてちょっとすました女の子と一緒だった。今思い出しても素晴らしく美人のヴィオラという女の子。ラトヴィアは1991年にロシアから再独立した国だが、独立したからといってすぐに国の情勢・経済状態が安定するわけでなく、皆将来を考えて、そして夢を見て北欧で語学を学びに来ている人達が大勢いた。ちょっとすましていて、なんでそんなにうちとけてくれないのかしら、と若かった私は単純に思っていたが、それは私達のような安定した情勢の国から来ている留学生とはまた違った質の必死さで留学して来ている彼らにとっては、私の必死さなどまるで優雅な悩みに映っていたのだろうと、そして彼らと寮生活を共にすることによって日本から出てきた私が、イギリスでヴァイヴァに会った時よりもより現実的に考えさせられた経験だった。

エストニアには正しい辞書がないからと、ノートに、なんと自分で辞書を作って勉強している夫婦そろっての学生もいた。

ただ、毎晩コモンルームをディスコに見立てて大音量でアルコールを飲みながら、国から出たお金で「暇つぶし」をするデンマーク人とそれに迎合する西側のヨーロピアンに対して、情勢の安定しない東欧人と、教育にお金がかかる日本人からすれば、「その貴重なお金があれば、何回でも、何にでも挑戦できるのに」という冷ややかな共通認識は持っていたと思う。

そんな中でも私にとっては印象的なものがあった。

毎朝 Auditorium ＝講堂で全員集まっていわゆる「朝礼」の時間があるのだが、すり鉢状のホールのような形の講堂のステージにはグランドピアノがあり、毎朝校長先生か、音楽コースの先生でピアニストのスサンネが伴奏を弾いてくれてみんなで一曲歌うのだ。

座席には丁度聖書の大きさ、辞書のような分厚さ位の本が置いてあって、皆それを見ながら歌う。

最初は慣れない習慣にまごまごしたが、次第に慣れてくると、小さな譜面を追いながらなんとなく意味がわからないながらも読み方がだんだんわかってきたデンマーク語の歌詞に、うっすら声を合わせることができた。

そして讃美歌集だと思っていた楽譜の上には作曲家の名前が書いてある。よく見ると、カール・ニールセンとある。デンマークを代表する作曲家で、100クローネ札の肖像画にもなっている。

その本は実は讃美歌集ではなく、1922年の『高校民謡歌曲集』(Folkehøjskolens Melodibog) で、ニールセンが編者のひとりとして携わった歌曲集だった。

第二次世界大戦中もこの歌を集って歌うことがデンマーク国民の心をささえ、戦後も教育現場に欠かせないものとして今日まで残ってきたものだ。確かに讃美歌的な作風の曲もあるが、もうちょっと学校唱歌的だ。

これがその歌曲集だと気づいたときの衝撃と言ったら。おそらく私の前後に来た日本人はこの意味、価値は理解していないと思う。

しかし私はデンマーク人が戦中戦後、脈々と行ってきた習慣を予期せず日本人の私が本当に身をもってできるなんて、と、これこそデンマーク人と生活を共にするという事だと毎朝歌いながら実感することが出来た。


デンマーク人の他、ノルウェーや、ボンホルム島出身の生徒など、音楽専攻の学生たちは真面目で気の良い生徒たちだった。

ボンホルム島はアコーディオンの盛んな島で、アンカという島出身の女の子と一緒に演奏したのが思えばアコーディオンとの共演の最初だ。

定期的に開かれるコンサートでいろいろ楽器の組み合わせを変えたりして演奏するのは楽しく、また貴重な機会だった。

クリスマス前のサンルチアというダンスパーティーではあちこちにキャンドルが灯った穏やかな光の中、着飾った学生、先生達が、踊る。

その踊るための音楽はピアノの先生のスサンネと私のフルートの生演奏だ。光の中、踊る様子を眺めつつ演奏しながら北ヨーロッパらしい伝統だと思った。

スケルスケアは田舎だけれど美しく平和で静かな海際の街だった。

コペンハーゲンでのレッスンから夜、海岸の道を歩いて帰ってくると、6角形のガラス張りのレッスン室のある建物がふわっと光り、ガラス張りなので、中で練習している人が丸見えだったが、それを見ると、温かい気持ちになった。

「ああ、明かりが灯っている」

年を越す頃には一人部屋に変われることになり、騒がしい学生の建物とは別棟になり、窓から海は観えなくなったが、静かで、他の一人部屋の大人の生徒達は皆穏やかで感じが良く、平和に過ごすことができた。大人の生徒や先生のご家族にも仲良くしてもらい、食事に招待してくれるようになった。

料理、といえるほどのメニューではなくても、「同じ時間を分かち合う」、という人をもてなす本来の姿がそこにあったと思う。

まだよちよち歩きの子供もいて、デンマークの子供はお腹の具合が悪い時はパンの白い部分を食べる、と知った。

大人であってもここでは生徒の一人なので、招待してくれたことを嬉しく思う反面、恐縮だったからせめて会費、というか、材料費を、と申し出たが、「あなたのお母さんはお友達を食事に誘ったら、お金を取るの？そんなことないでしょ」と言われ、ギブアンドテイクではない、また、私個人を気軽に「友達」としてもてなしてくれたこと、本音に触れた気がして温かい気持ちになった。

混沌とした目まぐるしく考える中で、いつまでたっても陽がのぼらない、真っ暗な海を寮の窓から見つめたり、体が本当に浮いてしまうような強風にあおられながら雪の海際の街を歩き、日常として送っていたデンマークの海際の街での最初の日々は、今ではあの苦しさごと遠く甘い記憶だ。

真冬のデンマーク・国旗が細くたなびいて

最初に住んだスケルスケアの街。静かで小さな海際の街

コペンハーゲンでのトーケのレッスン

トーケのレッスンは1時間半ほどかけてスケルスケアからバスと電車を乗り継いでコペンハーゲンまで通っていた。教会の前のバス停から鉄道の駅までは、菜の花畑や、スポーツをメインとしたフォルケホイスコーレ、色とりどりの家が見えて、中でも薄い水色と白の配色の家は、いつもマティスみたいだ、と思っていた。

初めてのレッスンの日はトーケが最寄り駅まで迎えに来てくれていた。Valbyと書いてバルビュと読む街の駅に降り立ち、デンマーク名物二階建て駐輪場の側のポールに腰掛けて待っていてくれて、日本人の私が現れるとフルートを構えるポーズをしたのがトーケだった。禿頭に眼鏡の人懐っこい笑顔で、その様子はさながら羊飼いの少年が笛を吹く様子、を彷彿させた。

トーケの家までの道のりは、スーパーマーケットや洋服屋さん、可愛い雑貨屋さんにアンティークショップが並び、森と教会が見えてきたら右に曲がると薄いグレーの壁の可愛らしい家があり、そこがトーケの家だった。緑に囲まれ、裏の庭ではトーケと日向ぼっこしたり、ケーキを焼いたんだ、と言ってはふるまってくれたりした。

ウクライナからの留学生にはバイトと称して庭の手入れを頼んでいた。トーケなりの苦学生への助けだったと思う。また、よくオーケストラや演奏会にも一緒に連れて行ってくれた。

おそらくこの時期一番デンマーク放送交響楽団を聴きに「Radio Hus」と呼ばれるコンサートホールに通った。王立劇場にバレエも観に行ったし、美術館や当時出来たばかりの「黒いダイヤモンド」と言われる建物の室内楽のコンサートにもよく足を運んだ。そこでトーケが面白いタイトルの室内楽のコンサートシリーズをしていた。

「17：05」というのだ。デンマーク人は時間にルーズで、必ず演奏会は5分遅れで始まるから、いっそタイトルも「17：05」にしてしまえ、というトーケなりのユーモアだった。時間にルーズなデンマーク人のことを、私達日本人や留学生は「デンマーク時間」と揶揄していたが、デンマーク人は「アラビア時間」と揶揄していたのがちょっと可笑しい。

飼い犬の大きな犬のフェニー、猫のモーセスとあともう一匹の名前はなんだったっけ。クリフォード同様、トーケも色んな国籍の生徒のレッスンを聴かせてくれた。デンマーク、アイスランド、ノルウェー、フィンランド、スウェーデンと、北欧諸国の生徒はもちろん、ウクライナ人も。

ある日、フィンランド人の学生を見かけなかったので、どうしたのかと訊いてみると、「休学したんだよ。1年間、本当にやりたいこと、やらなきゃいけないことをするために」とのことだった。

やはり。

日本で学校を一年間休学するなんて余程の理由がなければ理解されがたい。

だけど、一年落ち着いて納得した時間を過ごすことで、その次の年からより集中してよりよい一年に、いや一生にするなら急がばまわれ、だ。

そしてそれを学生自身が自分で決断するということ。

休んでいる1年間は実質本当にただ休んでいるわけではない。

音楽大学の学生なら練習はつづけるしアルバイトや親の手伝いをする。

他にやらければいけないことにもこの間に心置きなく時間を割く。

学費がかからない、社会保障がしっかりしていることは大きいが、これが本当の意味での「福祉国家」だと思う。

なんのための、どういった意味の社会保障なのか？

お金持ちもそうでない人も「休んではいけない」「個としての考える時間を持つことが出来ない」「休むことはずるいこと」「みんなやっているのに」という社会的圧力で国民の心身の健康を損なうことなく「平等」に保てるようにするためだ。

決して国からもらったお金でアルコールを買うためではない。


トーケの家のレッスン室はリヴィングに続いた奥の部屋にグランドピアノがあり、そこがレッスン室だったが、仕切りがなかったので、みんなリヴィングの椅子やソファに銘々腰掛けて他の学生の演奏を聴いていた。トーケの家は、マティスのリトグラフとアマチュアの奥さんが描いたという大きな抽象画、デニッシュ・アンティークと現代のカジュアルな家具が混在していたが、それがなぜか上手く混ざり合っていて、気取りのないお洒落さを感じ、居心地が良かった。

私自身のレッスンも、少し指は回りづらくても安易なほうに逃げない音楽的な解釈など、この当時、トーケの一緒に考えてくれた楽曲へのインタープリテーション（解釈）は後に楽譜を読み込む時に大変役に立った。

クリフォードはピアニストだったので、楽譜を縦（右手と左手に楽譜が分かれているため）に読むアナリーゼ（楽曲分析）に近いが、トーケはフルート奏者で旋律楽器なのでインタープリテーションの趣が強かった。

もちろんお互いを考慮したものである。

私が意図していた、ヨーロッパに来て受けたかったレッスンは、最初にクリフォードのところで、次に自分が好きで師事したかったフルート奏者・トーケに習った正にこのようなレッスンで、自分にとってフルートとは、これからどうやってフルートと向き合っていくには、という思いや意図を実現させてもらった。

人が決めた良い、ではなく、「自分で」どうしたいのかを決め、自分の価値観で動き、トライする。そうすると失敗をしても人のせいにはしないし、成功する。

ちゃんと理解ができているのが実感できると、自信をもつことができる。

世界のビール小話～デンマーク編 カールスバーグ～

ホップというのは夏の暑い気候に弱いらしい。

私が住んだことのある国は全て寒い国だから葡萄が採れない。

暑いのが大敵なホップには適しているビールの国ばかりというわけだ。


デンマーク。
365 日中約 120 日が雨と言われている。
アンデルセン童話とコペンハーゲン中央駅の前に遊園地（チボリ公園）がある国。

そしてビールと言えばカールスバーグ。


出張ついでに来てくれた父といつまでも暗くならないデンマークの空の下チボリ公園のバーで飲んだカールスバーグ。

「折角来てくれたのに余り観光出来なくてごめんね」というと、

「全然。お父さんはこうやってビールを飲みながらユカリとよもやま話してるのが楽しいんだからさ」

日本に帰る父を見送りに来た空港で飲んだチュボルグ。
大きなグラスを二つトレーに載せて運んできた娘の姿に
「あの時お父さんはお前がグラスを落とすんじゃないかとハラハラしたよ」と今でも笑う。

本当に夏の夕暮れだというのにいつまでも明るいコペンハーゲンの澄んだ空気の中で飲むビールは格別に美味しい。

スウェーデンの音楽療法

北欧に住んでいる間に、北欧らしい勉強をしたいと思い、スウェーデンのマルメ音楽大学で音楽療法のコースを専攻した。北欧（ここではデンマーク、スウェーデン、ノルウェー、フィンランド）は言わずと知れた福祉国家だからだ。

マルメはスウェーデン第3の都市でスウェーデンの最南端に位置するため、デンマークのコペンハーゲンから電車で通える。ウアスン橋という橋がコペンハーゲンのあるシェラン島からマルメまでかかり、35分で移動が出来ることになった。

橋が出来る前はなんと船で通っていた。その船から見える風景がなんとも言えないくらい幻想的で毎回飽きもせずうっとりして眺めた。

45分の距離だが、その間、海に浮かぶ小さな島がぽこぽこ浮かび、その島の一つには彫刻だけが何体もあったり、小さな可愛らしい色の家が見える島があったり、それが、時間帯や季節によって全く違った表情を見せた。

あるときは夕暮れを背景に彫刻のそびえる島が見え、あるときは海にあたる雨をみつめながら通った。

橋が出来、電車で通うようになってからはこの船の運営が廃止されてしまい、選択の余地がなくなってしまったのはかえすがえすも残念だった。

なぜなら美しい景色が見られなくなった上に、35分で行けるはずの電車はデンマークお得意（いや、ヨーロッパ一円の）の〝メカニック・プロブレム〟で結局いつも1時間以上かかったから。

私はスウェーデンのマルメ音楽大学というところで音楽療法を学んだのだが、同時にマルメのフォルケホイスコーレでも音楽療法を学習していた。

そこは、デンマークのフォルケホイスコーレ同様、北欧には沢山ある形式の学校で、基本的には全寮制で、年齢は十代から老人といわれる年齢の人まで学べるところだった。いわゆる、国立のフリースクールというかたちだが、大学を含め、各種学校を卒業したり、辞めたり、職を辞したりもしくは休職したりして〝何か〟を模索するための北欧全般において、重要な機関でもあり、主に多くの若者や、年輩者が共に暮らす。

この私の行っていたマルメの学校は、珍しく寮生活を強いられるところではなく、だからこそかけもちができたのであるが、おもしろいのが、昼食だけでなく、朝学校に着くと、まず朝ごはんをみんなで食べるのだ。先生も、生徒も。さまざまなパンにジャム、チーズ、ハム、酢漬けのお魚、たらこのペーストなどが置いてあり、めいめい好きな様にトッピングして食べる。寒い外から入ってくると、あたたかいコーヒー、きゅうりの新鮮な緑が不思議な印象で目に飛び込んでくる。

新しい国に来て、言葉が解らないうちは、自ずと人を観察する方にまわる。最初は偶然だと思った。そしてゆっくりと確信にかわる。

一人のスウェーデン人の女の子が、いつもダイエット・コークしか飲んでいないのだ。基本的に個を大事にする北欧人は、本人が訴えないかぎりは、大抵のことは尊重され、黙認される。本人が不自然な態度を取らなければ、まわりに溶けこんでいて気付かれにくい。年のわりには、ほんの少しずつ、幼さを感じる人だとは思っていた。

実際の年齢はきっと20歳前後なのに、基本的にキャラクター・グッズに関心のないヨーロピアンがステーショナリーのひとつひとつに凝り、鞄に人形をぶら下げてくる。不自然ではないが年のわりにはカジュアルなファッション、そして鏡や窓に映った自分を見つめる頻度。それはそう、丁度思春期の女の子が容姿を気にするような。

そのくせ、他の年輩の生徒たちより、ずっと落ち着いていて、言葉数も少なく、そして時折目が合うと、ふっと、大人びた笑顔で私を見るのだ。その表情は言葉の不自由な外国人に向ける、労りの表情とも、自分に対する、あきらめともつかないような。

ほどなくして、彼女の姿を見かけなくなった。

思い切ってクラスメイトに訊ねてみると、「入院したんだよ。拒食症なんだ。でも、自分で病院に行って、治すことを決心したんだよ」

彼女とはとうとう口を利かずじまいだったし、名前も覚えていない。もう会うこともないだろうけれど、きっとすっかり大人になって、そして少しふっくらして、スウェーデンのどこかで、暮らしていることと思う。

後にベルギーのブリュッセルとアアルストという街の、シュタイナー教育（ルドルフ・シュタイナーの系譜の学校）でオイリュトミー（意＝美しいリズム　シュタイナーが創造した運動芸術）のクラスで、ピアニストの友人の代わりにアシスタントとしてフルートを演奏することになった。

そのときクラスの先生が、「おもしろいわね。フルートの時のほうが、子供たちの動きがスムーズで自然だわ」。

おそらく、フルートは管楽器なので、フレーズごとに息を吸う。

つまり、どこからどこまで、がワンフレーズなのかが、音に合わせて動く子供にはよりわかりやすくスムーズになる。

これが、弦楽器やピアノのような息を吸わなくても続けて演奏が出来る楽器に合わせると、フレーズの切れ目がわかりにくいのだろう。

学生時代、ピアノの授業は大事なこととはわかっていても、ピアノの練習自体は億劫だったが、ある日、右手の旋律（メロディーパート）をフルートで演奏してみると、よりフレーズ感がつかめ、それによって左手の動きも解り易くなったとき、とても嬉しく楽しいと感じた。それと同じだ。

デンマークのコペンハーゲンのフリースクールの放課後の楽器レッスンでも似たようなことが起きた。ビート（拍子）を無視して演奏すると、それに合わせて踊るこどもたちはぎこちない、固いロボットのような動きになり、拍子をちゃんと出して演奏すると、途端になめらかな「舞踏」になった。

療法とは少し違うが言葉や音楽の持つエネルギーが身体表現を促し、実現するさまを見て、つくづく子供の耳と感性は正直だと思った。

日本に帰国してからも、2年ほど音楽療法のセッションを高齢者施設でさせていただいた。日本の臨床の現場を知らなかったし、見てみたかった。

ある音楽療法士を派遣する会社に登録して、毎月送られてくるセッション内容に合わせて準備をし、毎回のセッションの所見を書いてその日のうちに送り返す。

私は和声楽器（ピアノやギターのような伴奏が出来る楽器）ではなかったので、主に進行とフルート演奏を担当した。直前までのセッションで能動的な動きをしたあとの、沈静を兼ねた受動的なセッションとして。ごく短い名曲で、鎮静効果のある楽曲を選び演奏した。

音楽療法を特別神秘的に捉える人が非常に多く、そんなことないですよ、地味なもんです、というと、にわかにがっかりした顔をされる。

「何か特別な音楽」や「演奏」、「仕掛け」などがあってそれをしてもらえば劇的に変わるもの、と。昔流行った『羊たちの沈黙』でアンソニー・ホプキンズ演じるレクター博士のプロファイリングにより、「心理学者」がさも何でもお見通しだと誤解されたのと同じ。

音楽療法は確かに効果がでる方もいるが、あくまで西洋医学の代替療法だ。

子供の頃に歌った唱歌や流行歌を唄う、それによって曲にまつわる思い出を想起し自分の力で前向きな意識を持つために、ポジティブな言葉を見つけ、力を発揮するよう促す、音階（ドレミファソラシド）に合わせて上肢を動かしながら一緒に音階をゆっくり歌うことで心肺機能の維持・低下の抑制をする、ハンドベルやバーチャイムを療法士の奏でる音楽に合わせて和音グループに分けて、伴奏を奏でる。歌いながら、自分のチームを理解しながら、ベルを振る。瞬発力、協調性、集中力の復活、維持・・・などなどを毎月毎月続ける。

医師の治療や処方、そして協力と共同作業があって、その上でのとてもゆるやかで、地道な療法だ。

誰にでも一定の効果が約束されているわけでもない。魔法ではないのだ。

しかしながら、長い間、声を発しなかった子供が一言でも発音したり、ずっと何も反応しない親の指がぴくりとでも動いたり、閉じた瞳から涙が流れれば、家族にとってはそれでも大きな一歩なのではないだろうか?そして目に見えないところでの効果は出ていると思う。


父がデンマークに訪ねて来てくれた時、スウェーデンのマルメにも足を伸ばした。

市庁舎や教会などがある広場の石畳の上で、父は何やら立ち止まって往来を見ている。どうしたの?と聞くと「いや、ユカリはいつもここを通って学校に行ったりしているんだな、と思って」

ほろり。

これが恋人なら惚れ直すところだ。

が、目の前にいるのはお腹の出た父なのだった。

こういった類の優しさや思いやりはどんな男性にも求められるわけではなく、お父さんだから、というのを知った年頃でもある。

コペンハーゲンで日本食屋さんをやっている友人のお父さんが持たせてくれたお弁当を父と2人でマルメ城を眺めながら食べた。

世界のビール小話～北欧番外編 グルッグ～

北欧の冬の風物詩。グルッグ（gløgg）
クリスマスの時期になるとマーケットはもとより、家庭や学校、などでもふるまわれる。

グルッグは、赤ワインにスパイス（シナモン、クローブ）、レーズン、アーモンド、オレンジピールなどに砂糖を加えて煮たホットワイン。コップの底に残ったレーズンやアーモンドはスプーンですくって食べる。作るときのコツは沸騰させないこと。保存不可。

ペッパーカッカというシナモンのきいた薄焼きのクッキーや、イワシなど魚のフライにリンゴンベリージャムをかけたものもスウェーデンのクリスマス市ではポピュラーだ。
デンマークのエーブルスキワ（Æbleskiver）というまん丸のワッフルに粉砂糖がかかったものと合わせて冬の屋外で飲むことも多い。

デンマークのグルッグはしっかりと甘味がきいた、寒い野外で冷え切った体を温めるのに最高の味。
スウェーデンのグルッグは甘さ控えめのすっきりした味わいだ。

カール・ニールセン　フルート協奏曲

コペンハーゲンでのトーケの最後のレッスンはやはりカール・ニールセンのフルート協奏曲にした。

カール・アウゴスト・ニールセン Nielsen, Carl August（デンマーク　１８６５−１９３１）は、『人魚姫』『マッチ売りの少女』『おやゆび姫』などの童話作家H．C．アンデルセンで有名なフュン島・オーデンセの出身で、デンマークを代表する作曲家だ。ニールセン最後の大規模管弦楽作品といわれる、１９２６年のフルート協奏曲（作品番号なし）は晩年に向かって書かれた作品で、20世紀のフルート協奏曲として代表的な曲だ。トーケはデンマークで行われるカール・ニールセン国際コンクールのフルート部門の審査員を務めており、彼の演奏を聴いて是非学びたいと思っていたので、緊張しながらもこの曲を選んだ。ニールセンの解説をしながら、「ニールセンはね、デンマーク人にとって、とても国民的な作曲家なんだよ。ちょうど、チェコでいう、スメタナみたいなね」と言い、「とても良い演奏です。少しテンポをあげるとほぼ完璧です」と言ってくれた。

もちろんこれから New World（新世界）へ行く生徒へのはなむけの意味もこめていたと思うが、素直に嬉しかった。

トーケの本棚の端に川端康成『雪国』のデンマーク語訳を見つけた。

「あ、川端康成。小説を読むのはその国の背景を知ったり、言語を覚えるのに良いわよね。絵本よりも。私は好きな小説を英語で読んで覚えたの」と言うと、そうそう、あと新聞ね、と彼は相槌をうった。

翻訳者のセンスやレヴェルはさておき、翻訳小説はこの、外国人の「外国語からみた日本」と「語感」の違いが窺い知ることが出来、それによって言い回しを選択し、学ぶことが出来る。

ちょうど作曲家が書いた楽譜の背景を、文化や言語を感じ（訳し）ながら演奏する行為と同じだ。

だからトーケの本棚に川端康成の『雪国』のデンマーク語訳の本を見つけたときは嬉しくなった。

きっとトーケもデンマーク語で『雪国』を読みながら日本の背景を思い浮かべ、言い回しで日本のメンタリティを感じていた時があったのだろう。

そして「わかるよ、ユカリの話す英語はPoetic〝詩的〟だからね」とトーケは言った。

そしてこう続けた。

〝日本を忘れてはいけませんよ。日本はいい国です〟

〝僕は生まれ変わったら、日本人になりたい。

金曜日には相撲を観て、神道を勉強したい〟

〝北の魔術師〟と言われた、デンマークの先生のその言葉は、ヨーロッパへの憧れの強かった私には、それでも、それは遠い、たとえば、美しい詩のように聴こえた。

床ではすやすやと犬のフェニーが寝息を立てている。

行間を読む　間を奏でる

基本的に北欧（ここではデンマーク、スウェーデン、ノルウェー、フィンランド）の人は英語、ドイツ語を話せる人が殆どだ。

フィンランド以外の北欧はデンマーク語、スウェーデン語、ノルウェー語と分けられているものの、お互い通じ合う言語で、方言のようなものだと思っていただければわかりやすい。

デンマーク語とノルウェー語は筆記は似ているが、発音はスウェーデン語とノルウェー語が近い。

要するにノルウェー語は一番真ん中の言語なので、実はノルウェー語を覚えるのが一番手っとり早い。

しかし当時の日本の外国語大学にノルウェー語学科はなかった。なぜなら歴史が一番浅いから。

ちなみになぜかスウェーデン語学科の方がデンマーク語学科より入るのが難しい、と当時スケルスケアのフォルケホイスコーレと提携している大阪外国語大学から留学して来ていた子たちに教えてもらった。

デンマーク語は文法や語彙数などはそう複雑ではないが、恐ろしく発音が難しい。

寒い国であまり口を動かさないのが共通なのか、東北弁に音がすごく似ている。

私は途中でデンマーク語からスウェーデン語に切り替えたが、発音だけでなく、表記もデンマーク語より合理的なので少しだけ気が楽になった。

とはいえ北欧語が話せます、とはとても言い難いが、ちょっとテキストを見直せば「手紙」はきびしいが「葉書」くらいは書ける。そんな感じだろうか。

今でもデンマーク語の発音や文章を見ると懐かしく愛おしい。

ウンスキュル Undskyld
デンマーク語でごめんなさい、もしくは　すみません、という言葉だ。

よくデンマーク人はちゃんと謝らない、などと言われていたが、ネイティブのデンマーク語と日本語が話せる人が言うには、デンマーク語って、英語やフランス語みたいに、Sorry と Excuse me が分かれていなくて、その差だと思うんだよね。

謝るときも何かをことわってから物を言うときも、全部ウンスキュル。だから、人の感情の幅もそういった機微にかけているんじゃないか、と。

語彙が少ない場合は、それこそ同じ言葉で何通りの意味を想像して理解し、話さなくてはいけない。

デンマーク語だけではない、フランス語も英語も言語はみなそうだ。

シチュエーションや相手の性格、ニュアンス、話している目的に合わせてこちらのイマジネーション（想像力）をフル回転にして理解する。感じ取る。


音楽でいうと作曲家が意図した音楽を楽譜を通して時代、風土、背景を考える。

国籍は？どんな言語を話す？その言葉の響きは？考え方や感じ方は？

そう、言語でいう、

〝シチュエーションや相手の性格、ニュアンス、話している目的に合わせてこちらのイマジネーション（想像力）をフル回転にして理解して話す〟全く同じだ。


楽譜の向こう側、音符の間に語り掛けてくる色合いを感じ取ることが出来るかどうか。だから現地でその国の言葉に触れる、話す、ということは重要なことなのだ。現地で「本当」の音を知る。

その国の言語の背景にある独特のリズム、イントネーション、フレーズ、響き。

音楽家にとって音楽は言語が不自由なときの共通言語という意味ではない。

行間を読む、間を奏でる。

そして

言葉で表現できなくなったとき、音楽がはじまる

クロード・ドビュッシー

第四章　西欧から東欧へ

～チェコ　時代に翻弄された人々～

チェコへ～

もし東欧へ行くなら、私の中ではチェコしかなかった。

私の中でフルート・ソナタといえば、チェコの作曲家・マルティヌーの、ファースト・ソナタで、随分試験や演奏会でこの曲に助けられたものだ。

とはいえ、フルートの演奏法や、作曲家、当時活躍していた演奏者などを考えると、東欧へ行くならハンガリーだと思うが、実際はピアニストや〝弦の国プラハ〟と言われるように、弦楽器奏者ならともかく、フルート奏者が東欧を選ぶことはあまりポピュラーではない。そういう私自身ももしこれが最初の留学地であればチェコは選んでなかったと思う。特に国への憧れがない限りは。


イギリス2年、デンマーク2年とすでに西ヨーロッパに4年滞在し、このときすでに西ヨーロッパに倦んでいた私は、ひょんなことから3度目の移住をすることになる。2001年のことだった。


音楽院の受験に訪れたのは、真冬で、同じように寒くてもどこか〝明るくて温かさ〟を感じる北欧の雪と違い、暗くて侘しい雪が散らついていた。

脇に積み上げられた雪も黒く汚れていて、その街は工業地帯だったこともあり、空気を吸うと、のどがぴりぴりとした。

スメタナの〝わが祖国〟の中の曲で有名なブルタヴァ（モルダウ）川は茶色く、工業排水のせいか泡だっていた。〝水清く青き、モルダウよ〟という歌詞が嘘のようだった。（実際にはこの曲に歌詞はついていない。後に日本人が歌詞をのせて歌唱している。）

環境保護に力を入れ、福祉国家の手本である国・北欧から来た私は、大層ショックだった。あんなに〝西側〟に倦んでいたくせに。いわば私は東欧人の皆が憧れた〝成功した社会福祉国家〟の国から〝崩壊した社会・共産主義国〟に〝逆留学〟して来たのだ。

最終的にチェコで修了した学校はプラハ芸術アカデミーであるが、私はプラハから140㎞離れたチェコ第3の都市、ピルズナー・ビールで有名なピルゼン（プルゼニュ）という街に住んでいた。プラハ中央駅からプルゼニュ駅まで何もかも西ヨーロッパとは様子の違う列車に揺られ、比較的主要駅であるはずのピルゼン駅に到着して電車を降りるとそこは足元は直に地面で、レールをまたいで駅舎に行かなければならない。初めての経験だった。

「これからここに住むのか」

自分で決めたこととはいえ、日本や西ヨーロッパの安定した治安の国しか知らない私は、別の覚悟がいると、痛感した。

14世紀以降、西ボヘミアの街・ピルゼンにはユダヤ人が住み始め、ヨーロッパ第2、世界でも第3番目に大きいグレートシナゴーグ（ユダヤ人教会）がある。1893年に建設されたムーリア・ロマネスク様式の建物は、ロシア正教会のような玉ねぎ型の尖塔を持ち、アラビアンスタイルの天井、インド風の聖櫃を携えた文化混合スタイルで、第二次世界大戦中はシナゴーグをナチスに占領されたが、戦時中は貯蔵施設として使用されていた。改修を経て、現在はコンサートホールや展覧会場としても利用されていて、私も時折足を運んだ。

プルゼニュは『モルダウ』で有名なベドルジハ・スメタナ（1824—1884）の従兄が住んでいたことで有名な街で、プラハの学校に馴染めなかったスメタナ自身もこのピルゼンで教師をしていた年上の従兄を頼ってピルゼンに住んでいたことがあった。音楽院の隣りの通りには図書館があり、スメタナの像が建っていた。

スメタナのピアニストとしてのテクニックは、プルゼニュの多くの夜会などで大人気だった。いくつもの恋愛経験もして、幼い時期から顔見知りの女性であった、後に妻となるカテジナ・コラージョヴァーとの日々も含まれる。スメタナは完全に彼女に魅了されており、彼は日記に「彼女の傍に居ないと、私は赤く熱された石炭の上に座っているかのように、平穏でいることができない」と書いている。16歳～18歳の頃だから、なんとも情熱的で、草食系の日本の男子学生とは違った性質の男子高校生だったようだ。プルゼニュでの充実した日々は、彼の『プルゼニュの思い出』、『学生生活より』といったピアノ作品からも窺い知ることが出来る。

最初に入学したピルゼン音楽院は、首都プラハに比べると格段に外国人が少なくなり、完全に地元の、チェコ人ための教育機関という感じだった。しかし、私はそれは逆に望むところだったので、気にならなかった。英語が話せる人や教員は圧倒的に少なかったが、教務や、学長を始め私を担当してくれる先生はまあまあ英語も話せたし、学生も、外国人と話してみたいのか、割と積極的に英語でも、チェコ語でも話しかけてくれた。

ただ、入学にあたって、学校の説明をしてくれた教務の小柄な女性が言うには、「この学校へようこそ。現在外国人はあなたとエルサルバドルからの学生との2人だけで、エルサルバドルの子は今学生ヴィザを取得するのに時間がかかっていてまだ入学に間に合ってないの」

えるさるばどる!!

日本人どころか外国人はわたしだけだった。

そしてとうとう私の在籍中にこのエルサルバドルの学生に会うことはなかった。

フルートの先生は81年にプラハの春国際コンクールで2位（1位なし）をノルウェー人フルート奏者と分け合った女性の先生でヤナ・ブレイコヴァだった。

課題が多く、慣れない生活の中こなすのは大変ではあったが、フルートのレッスンも、オーケストラも吹奏楽の授業も面白かった。

ピッコロの先生が室内楽の先生でもあり、他の生徒とテレマンを演奏したり、授業は充実していたと思う。すごく印象に残っているのが、吹奏楽の授業で、街中の本校舎から離れていて、バスに乗って別校舎へいかなくてはいけないのだが、途中で廃墟があり、その廃墟を抜けると少しまた人が生活しているエリアに入る。

そこでの授業は管楽器の学生殆どと会うことになるので、なんとなく面白かった。

指揮の先生はおじいちゃん先生で、共産党時代の古いスーツに牛乳瓶の底のような眼鏡の、優しい、おそらく私がこの学校で出会った一番優しく思いやりのある先生だったと思う。どこの国でも若者の無知は野蛮で、若い男子学生は年老いた先生の言う事をわざと聞かなかったり、授業だと言うのにビールの缶を並べている学生などもいた。それでも私にとってはこの全く英語が話せない先生と、こちらもチェコ語が話せない中で、私がちゃんと無事に授業に到着し、出席し、演奏をする様子をいつも温かい笑顔で見守ってくれて、時にはチェコ語で一生懸命説明を試みてくれる先生との交流は唯一ほっとする時間だった。一度、この授業の中で配られた楽譜が日本の出版社のもので、編曲者が日本の音大時代の恩師の名前だったときは、少し不思議で懐かしく、そして素直に嬉しい気持ちになった。遠いところで偶然再会したような気持ち。その名前をそっと撫でた。

このオーケストラと吹奏楽の授業からはニュルンベルグ近郊のローゼンブルグという街までバスで演奏旅行に行ったのも良い思い出だ。

あのふざけた男子学生達も、どこから知ったのか、ドイツからの帰りのバスが、私の住んでいた家のエリアに差し掛かると、みんなして「ここ＊＊＊（地名）だよ〜！！」と私が降りられるところを叫んでくれたのが可笑しく、また嬉しかった。

ŘÍJNA 2001 21

K výročí konzervatoře hrají dva studentské orchestry

ピルゼン音楽院の吹奏楽・オーケストラの授業風景がチェコの新聞に

しかし、その一方で、フルートの先生のレッスンは熱心だったのだが、ちょっとこれは西ヨーロッパおよび、先進国ではもうないな、という解釈や演奏法がしばしばみられるようになってきていて、私の中でこれからのフルート人生を危惧するようになっていた。

この当時、ムラマツの銀製の楽器を演奏していたのだが、奏法で少し思うことがあって、もともと併用していたSANKYOの14金製の楽器をレッスンに持って行ったときのことだ。「あなた、ゴールドの楽器持っているのね」と言いながら涙ぐんだ。自分は頭部管だけゴールドの楽器を持っている、と。

長い間の共産主義時代で国境を越えることもままならなかった演奏家は、自由に楽器を選んで購入することも、また西欧とは大きく差があるレートではもはや西欧の価格の楽器を購入することも難しい。指導のアプローチの仕方や楽譜が手に入らないことも、長く情報が遮断されていた背景が大きく反映している。

という光景を目の当たりにした時に、私がここで勉強しながら背負うことの大きさ重さ、を考えさせられた。

ピルゼンでの住まいは、レモン色の壁の3階建ての建物で、2、3階に大家さんの家族が住んでいて、1階が私一人で使えるようになっており、メインの玄関は同じだったが、各フロアには日本でいうところのマンションのようなしっかりしたドアがあり、間借りというよりは1階ずつが独立している造りになっていた。学生の分際ではチェコの物価でないと借りられないような部屋だ。何せトイレットペーパーが4ロール27円の国だった。

部屋が2つと大きなダイニングキッチン、大きな窓、キッチン側の窓からは庭が見えて、犬が3匹、林檎の木の下で仲良く遊んでいるのを見ながら料理をするのが好きだった。冬になると庭の林檎が次から次へと出来るので、大家さんとその娘のズズカが大きな木箱に沢山林檎を入れて、「お願い、もらって」と言って持ってきてくれた。だから、冬はよく林檎を使ったデザートやジャムを作って食べていた。

大家さんもときどき、アップル・シュトルーデルを作って差し入れしてくれた。少し甘味を足してスメタナ（生クリームを半発酵させたものをチェコ語ではスメタナという）をかけて食べると美味だった。

大家さんは美術品や重要建築物の修復士で、ピルゼンと群馬県高崎市は姉妹都市らしく、高崎市にある、自分の修復した美術品の本を見せてくれた。よく美術館から貴重品を預かっていたので、戸締りに厳しく、その分、チェコにしてはセキュリティもしっかりしていたし、部屋も広く、練習も出来たので、結局ここにはチェコを離れるまで住んでいた。プラハに住んでいた友人の中には大家さんが泥棒だった、ということも1件ではなかったから。

ある年のクリスマスには、建築家だった大家さんのお父様が、子供のころにコピー機のない時代に手書きで書いてくれたという楽譜を私にプレゼントしてくれた。まさに機械でコピーしたかのような出来栄えだ。ピアノを習う小さな娘のために写譜した楽譜。

そんな大事な思い出の品をもらっていいのかしら、と思ったが、どうしても、と仰るのでありがたくいただいた。もちろん今も大事に持っている。

そんなある日。日本の母から国際電話が掛ってきた。

「テレビを点けて・・・！」意味がわからないままテレビをつけると、丁度ニューヨークのエンパイアー・ステートビルに飛行機が突っ込んでいく映像が映っていた。9・11アメリカ同時多発テロだ。

しばし唖然。

よく考えたらここはチェコで、ニューヨークとは関係ないし、当時は半分そう思っていたが、移民の多いヨーロッパではどこでテロが起きても不思議ではなく、いつでも危険と隣り合わせだ。両親にしてみれば遠く離れて異国で暮らす娘になんと言われようと、今一度気をつけて欲しいと伝えたい一心だったのだろう。ここチェコの共産主義体制崩壊によっての治安の乱れやジプシーによる強奪など危険はいっぱいで心配するにあまりある時だったのだから。

もうこの時はピルゼンからプラハまで電車で通っていたのだが、未曾有の洪水被害で、11月になってもあのプラハの深くて長い地下鉄（その昔防空壕として掘られたため。30万人くらいは隠れられるそうだ。地盤自体はあまり向いてないらしい。確かにチェコは2002年以降、2019年にも洪水にみまわれている。）は復旧せず、中央駅からの地下鉄も使えなかったので、一つ手前のプラハ・スミホフ駅で降り、代替トラムを使って学校まで通った。

思えばろくにチェコ語を話せなかったのに、よくトラムの代替路線図を手に入れ、自分の乗るトラムを見つけ、通えたものだ。そういえば大雪でプラハの空港に着陸出来ず、ブルノの空港の上をずっと旋回して着地し、そこから代替バスでピルゼンに帰った事もあった。

「あの建物、今にも崩れ落ちそう」ピルゼンで、トラムに乗りながらいつもそう思っていたその建物は、この洪水被害でなんと本当に跡形もなく崩れ落ちた。

世界のビール小話～チェコ編 ピルズナー～

チェコで住んでいた所はピルゼンだと言うと、きょとんとされるが、〝ピルズナー・ビールの発祥地です〟というと、皆一様に嬉しそうな顔になる。
ピルズナー・ウクエルの工場は今も駅を出て左側にある。
音楽院の打ち上げはいつもこの工場のパブ。

ビールの種類として世界で最も有名な「ピルスナー」は、今から約 177 年前にチェコで誕生したビールでラガータイプ。全てのビールの基本形である。

ビールが出来た同じ頃、日本では『モルダウ』で有名な作曲家スメタナがこの地で学生生活を送りながら、ピアニストとして活躍していた。
スメタナは《我が生涯より》の第２楽章でプルゼニュの夜会の舞踏の様子を描いているが、ピルゼン音楽院の４年生の修了セレモニーは学生オーケストラを伴奏に、正装した学生、そして教授陣が男女ペアで踊る。その様子は正にスメタナの時代の舞踏会だった。

では皆さんご一緒に

ナズドラヴィ！（乾杯）

ピルゼン音楽院とスメタナ像

ピルゼンにあるスメタナのモニュメント

AMU（Akademie múzických umění v Praze）プラハ芸術アカデミーの紋章

プラハ城

プラハ芸術アカデミー

プラハ芸術アカデミーは元宮殿であったこともあり、やはりプラハ城と意匠が似ている。写り切らなかったアカデミーの左右も素敵な建物でした

Souvenier de Prague～プラハの思い出～

プラハ芸術アカデミー（AMU）はプラハ一区、マラー・ストラナと呼ばれる一番の美観地区にあり、プラハ城のそばで、かつてリヒテンシュタイン宮殿だったところだ。お向かいの聖ミクラーシュ教会はプラハを愛したモーツアルトの追悼ミサを全世界に先駆けて行われたところでもある。チェコでの2年目の学生生活はプラハ芸術アカデミーで学んだ。

重い木のドアを開けてアカデミーに入ると守衛がいて挨拶をして入って行く。奥にはもう一つドアがあって、その奥には中庭とカフェテリアが見える。夏はこの中庭を使ってオーケストラの演奏をした。

ヨーロッパは昔、お城だったところやお屋敷などを学校として使用している事が多く、AMUの場合は特別〝古式ゆかしき〟建物だったと思う。何せ元宮殿だ。

大理石の階段を上がり白い壁と絨毯敷き、頭上にはシャンデリアが光り、レッスン室にたどり着くまでにいくつものドアを開けて部屋を抜けると突き当たりがフルート部屋だ。

いつも緊張した面持ちで白い大きなドアをノックをすると、「ドブリーデン！（こんにちは！）」と満面の笑顔で必ずレッスンの前も後も痛いくらいの握手をしてくれる。

チェコでもこんなに礼儀正しく毎回のレッスンで握手をして送り迎えしてくれる先生は既に珍しい、チェコ紳士だった。

ピヴォダ先生を知っている日本人留学生は「ユカリちゃんの先生の握手、強いよね」と笑われるくらいだった。

当時のAMUの管弦打専攻の教授陣はほぼチェコフィルハーモニー管弦楽団の奏者だった。私の師だったラドミール・ピヴォダ先生もチェコフィルハーモニー管弦楽団の首席フルート奏者で、その前はブルノ歌劇場のオーケストラの首席ピッコロ奏者だったから、ピッコロについての相談も出来た。

ちなみにこのPIVODAという苗字、チェコ語でPIVO（ピーヴォ）はビールの意味で、VODA（ヴォーダ）は水、の意味なので、先生は留学生に自分のことを「ビール水先生」と冗談めかして自己紹介していた。なんともチェコらしい名前だ。また、ラドミールという名前はお父様も息子も同じラドミール（チェコ流の通称ではラデック）で、家督を継ぐもの、としてはチェコではよくあり、正にその名も偉大なハメハメハ、おじいちゃんもお父さんもぼくもハメハメハ・・・じゃなくって、ラデック、ラデック、ラデックだ。

ただし、私たち生徒は先生のことをラデック、とは決して呼べなかったけれど。

先生といえども、西欧では親しみをこめてファースト・ネームで呼ぶのが普通だったが、そんなところもチェコは昔ながらの師弟や年功序列、男女の関係は随所に未だあり、日本からまず西欧（イギリス・デンマーク）に渡って、尊敬の念は忘れずとも師弟の壁を越えて話せる流儀に慣れていた私はもっと昔の日本に戻ったようだった。

ピヴォダ先生のレッスンは、イギリス・デンマークのフルートの先生がフレンチスクールの流れを取るスタイルだったのに対し、私が留学中習った先生の中でも一人だけドイツ風だった。几帳面でワンフレーズずつどころか、1小節ずつ先生が納得いくまで何度も吹くやり方に、時折全体像を聴いて欲しい、とも思い、またなかなか先に進めない時には心

が折れそうになることもあったが、ひとたび上手くいくと、レッスンの終わりに手を握って

「ユカリ、デクイイェメ、ヘスキー　モーツアルト」（素敵なモーツアルトをありがとう）

などと言ってくださり、喜びもひとしおだった。（何せなかなか納得していただけない）

今はあの丁寧なレッスンにとても感謝している。

レッスンを見てほしいといえば仲間との室内楽もみてもらえたし、オーケストラなどにも参加出来た。ただし、何が参加出来るのか、授業として取れるのかは自分でちゃんと教務部に行って確認しなくてはならない。何も言われないからおとなしくしていると、レッスンだけで過ぎていってしまう学生も多かったようだ。実際オーケストラは自分で名前をリストに載せて、見合ったものがあると連絡されるシステムだった。

えらそうに「海外に行ったら自分から積極的に動かないとだめ」と言いたいわけではなく、それは確かにそうなのだが、私の場合はこの時点でイギリス、デンマーク、そしてピルゼン音楽院でも過ごしており、ある程度の英語と度胸（図々しいともいう）と、こういう授業があるはずだ、という算段もあったので「駄目もと」で聞いてみたが、おそらく初めての留学地がチェコで、チェコ語なんておそらく最初から話せる人はなかなかいないだろうし、またこの共産主義崩壊後から当時まだ12年のチェコではシステムはあまりにもいい加減過ぎた。

第一、建物こそ元宮殿で400年前のところも残っているものの、プラハ芸術アカデミーの創立自体は1945年と以外に若く、また1945年というと終戦間近の年だ。学校を紹介されているサイトにも〝ナチスの侵入やコミュニストの関係もあり、しばらく機能し

ていない時期もあった〞という記述がある。

事実私の友人フルーティストも私より5年以上前に受験した際は、「あなたの演奏は申し分ないのですが、今は情勢的に受け入れる余裕がありません」という理由で入学を拒否されている。信じられないだろうが、合格していても入学できないのだ。情勢が理由で。


そんな中でもピヴォダ先生はそういった話もよく聞いてくださったし、よく演奏出来ているときは「今度セミナー（他門下と合同の伴奏つき公開レッスン）で演奏したら？」と先生から言ってくださったし、古き良き時代の先生は気難しいところも沢山あったと思うが、師弟として良好な関係を築いていたと思う。


そんなある日、学校に行こうとして準備をし、プラハの街に着いてしばらくした頃、貧血を起こして立てなくなった。もともと生理痛がひどく、生理前後も調子は悪い。貧血や痛みで倒れることもしばしばだった。大抵は気を張っているので、レッスン室まで行くことさえ出来れば脂汗をかきながらでもレッスンを全うすることが出来たが、この日はとうとう道中うずくまってしまった。お腹だけでなくなんだか胸が痛くてちくちくする。

「子宮だけでなく、乳ガンだったらどうしよう。もうちゃんと産婦人科に行った方が良いかもしれない」

母も似たような体質で今まで遺伝だろうと思ってはいたものの、余りの痛みに母もいつかちゃんと病院に行かないと、と言っていた。母親の言葉とは不思議なもので、何かの折にふと思い出す。

ああ、どうしよう、このままだと無断欠席になってしまう。うずくまった姿勢で上を仰ぐと、視線の先にプラハ城やそれに続く坂道や美しい街並みが見える。と、その時。ピヴォダ先生にばったり会った。私が来ないのでアカデミーから出てきたのだと思う。

驚いた先生が必死で私の手を握り、慌てて日本人の知り合いに電話をかけてくれた。そのあとはどうやってピルゼンに帰ったのかは記憶にないが、ほどなくして病院を調べて、プラハ6区にある産婦人科で英語が通じるところを見つけて、6区は比較的裕福な人や日本人だけでなく諸外国の駐在員の多いエリアだと聞いていたのでそこで予約を取った。診てもらうと胸ではなく子宮筋腫なのだとわかった。

すぐに手術が必要ではないが、小さいものでもないので、これ以上大きくしないための薬を処方してくれた。(その薬(錠剤)が後にも先にも見たことがないような〝どピンク(そのうえ蛍光)〟で、そのショッキングピンクの錠剤は本当に体に良いんだろうか?と思いながら服用していた)

病気が原因というわけではないが、このチェコの後のことも考える時期に来ていた。いずれは手術しなくてはいけないだろう、というのも頭の片隅にあった。

また、西欧から来た私は、たとえば、スティーブ・ライヒもピアソラも当たり前のレパートリーとして演奏する人の国から、「ピアソラって作曲家の曲を演奏するんだってよ!」と大騒ぎしている指導者や学生の国に来てしまうと、それは微笑ましく感じる光景ではあるし、長い間外界からの情報をシャットアウトされていた彼らには気の毒だとは思うのだが、だからと言って私のこれからの音楽人生を彼らに合わせていくわけにはいかない。

また、他の国に比べてその後の暮らしがチェコほど見えないものはなかった。何せ1コルナ＝（当時）３円の世界なのだ。たとえここで就職してもそれでは日本にも帰れない。そして何より西欧に戻って〝今〟のクラシック音楽の世界を勉強したい。チェコでの学校生活も終盤に近付いた頃、そう固く思っていた。

レッスンを受ける前は気難しく、クビになった生徒もいるらしい、と聞いていたのでいつも緊張感はあったが、このようにピヴォダ先生は私にとっては温かく、お父さんのような先生で、アカデミーも無事修了することが出来た。

その後も先生がチェコフィルを退団されるまではツアーで日本にいらした際はお会いしていたし、会うたびに「ちゃんと演奏を続けられているか？」と聞いてくれて、それは、音楽大学を出てもなかなか音楽家として生き抜くには厳しい世界で、ちゃんと演奏家として生きているか？という意味だが、「ano（はい）」と答えると、本当に嬉しそうにしてくださり、今でも親交は続いている。

旧市街を抜け、あのブルタヴァ＝モルダウ川に架かるカレル橋を渡って学校に行くなど、よく考えたら本当に贅沢な経験だ。

有名なプラハの春音楽祭も、私がいた2年間はチェコフィルハーモニーがオープニングを務め、私はピヴォダ先生の演奏するスメタナ『我が祖国』の演奏を聴くことができた。

日本人は比較的高い席、といってもそれでもS席でチェコプライスで5千円くらいで聴くことが出来たのだが、同じ列のすぐそばの席がヴァーツラフ首相とヴァイオリニストのヨゼフ・スークだったときは驚いた。この音楽祭の時期は普段なかなか聴くことが出来ない西欧のオーケストラが聴くことが出来たが、チェコでのコンサートは、「亡命しなかった、知る人ぞ知る」アーティストの演奏を聴くことが出来たのはもっと貴重な体験だったと思う。

また、チェコフィルの本拠地で「世界一美しい響き」と称される、ドヴォオルザークホールでの演奏会も破格のプライスで聴くことが出来た。

そしてあの夜もプラハでのレッスンの後、師匠が演奏しているチェコフィルを聴いて、ピルゼンに帰って来た。演奏会後のことで、辺りは当然真っ暗だ。トラムを乗り継ぎ、当時の部屋の最寄りの駅に降り立った、と、その瞬間。

ゆらり。

外灯の無いトラムの停留所から一人の男が突然出てきて私の目の前で仰向けになって倒れた。

瞳孔が開ききっている。口も開いている。

開いた男の瞳孔と目が合って、逸らすことが出来ない。

自分のブルーのコートの裾。

黒いブーツの先に。

死んでいる。麻薬中毒だ。

友人らしき男がゆすってみるが微動だにしない。

その友人は、警察に電話する、と駆けていき、たった一人、一緒にトラムを降りた客が「…もう死んでるね。こんな夜更けに外国人の女の子がここに居ても良くないから、君は帰りなさい」と、チェコ語で言ったようだ。

私は一目散で部屋に帰り、がたがた震えながら日本へ国際電話をかけた。

電話に出た父に、

「目の前で人が死んだの。麻薬で、きっとアルコールも」

真冬のチェコは氷点下だから、そういう人が急に亡くなる事が多い、と聞いていた。

「もういや。中央駅には物乞いやすりがいっぱいで、スミホフ駅には強制労働で働かされて、手足を失くした人たちがアルコールを飲んでていっぱいで」

となおも泣きながら訴えた私に父は言った。

「いい加減にしろ。それが現実だ。家も失くして、体も不自由で、職もない。麻薬や酒を飲むことしかできないで生きている人がいる国にお前は行ったんだ。お前みたいに、不自由なく勉強できて、食うに困らず、温かい部屋があって、なにかあれば電話をかけてこられる人ばっかりじゃないんだ。しっかりと「その国」を見てきなさい」

ショックだった。

慰めてもらえると思っていた。

とても恥ずかしかった。

この夜の体験は、今日までチェコが背負っているナチスによる迫害、共産主義体制崩壊などの背景がかなり密接に関係している。

ここで2人のチェコ人作曲家の生涯を知っていただきたいと思う。

時代に翻弄された2人の作曲家

ボフスラフ・マルティヌー（1890年12月8日―1959年8月28日）

＊チェコ第2の都市ブルノから約60㎞の、モラヴィア地方とボヘミア地方の境界の現在はパルドヴィッツェ州出身。

＊靴職人の父とミシンで内職をする母。教会の鐘楼燈守りをしていて裕福ではない。

＊裕福ではなかったが、7歳の時に始めたヴァイオリンや、12歳の時には作曲をするなど、彼の才能を認めたまわりの理解があり、プラハ音楽院に入学する。

＊入学してオルガン、作曲を学ぶも「自由」を愛する、もっといえば、真面目な授業に嫌気がさし、また、持ち前の〝やんちゃ〟な性格が災いして折角入学させてもらったにもかかわらず、退学になる。

＊その後は故郷で音楽教師をしたり、友人の紹介でチェコフィルハーモニー管弦楽団でヴァイオリンを弾いたりしていた。

＊そして9年後の1919年にカンタータ『チェコ狂詩曲』でスメタナ賞を受賞し、作曲家としてのデビューを飾る。

＊オーケストラの国外公演で触れた、フランス印象派の音楽に惹かれ、ヨゼフ・スークのマスタークラスで作曲を学んだときには「ドビュッシー」のようになりたい、と強く思い、33歳の時、作曲でパリに留学する。

＊パリでは傾倒していたルーセルに師事し、多くの作品を発表して急速に名を知られるようになり、カフェで知り合ったシャルロットと結婚もして、そのままフランスで作曲活

動をしていた。

しかし彼のやんちゃぶり、または運の強さも次第にきかなくなってくる。

1940年にパリに侵攻して来ていたナチスのブラックリストに載ったのだ。ドイツ軍のフランス侵攻を逃れてアメリカへ渡ることになる。

私の傾倒したファースト・ソナタはこのアメリカ滞在中の1945年に作曲された。一楽章では幼いころ聞いていた鐘楼の音やお母さんの内職のミシン音、(あの独特のカタカタしたリズム!)二楽章は時代を反映した抒情的な旋律、ピアノパートは折り重なる鐘楼の音のようだ。三楽章は滞在していたアメリカの影響か少しジャズのリズムに、鳥(ヨタカ)の鳴き声を模している。

アメリカに住み、精力的に作曲活動を続けていた彼だったが、チェコに戻る気でいた。1945年に第2次世界大戦が終わり、当時のヤン・マサリクの芸術に対する理解もあったから、戻れるだろう、と。しかしそれもかなわなくなった。1948年に共産党政権が誕生したのだ。「プラハの春」事件だ。マルティヌーは33歳にプラハからフランスに移住した時からついにチェコに戻ることが出来なくなった。

ヨーロッパに戻った後、最初はニースに住み、1956年からはローマのアメリカアカデミーで教鞭を執った。しかし癌を患い、1959年春までは小康状態を保つが、同年8

月28日、スイスのバーゼル近郊の病院で息を引き取った。

遺体は彼の遺言により、フランスからアメリカへ亡命する際に手伝ってくれた、スイスの篤志家ザッハーが所有する森に葬られた。

1979年マルティヌーの遺灰は故国チェコへ帰った。このときはじめて前年に亡くなった夫人と一緒のチェコの墓地で眠ることが出来た。亡くなってから実に20年後のことだ。


エルウィン・シュルホフ（1894年6月8日—1942年8月18日）
＊プラハ出身のドイツ系ユダヤ人。
＊家庭は裕福。演奏会に出掛けていってはクーベリックやマスカーニのサインを集めるなど教育熱心な母のもとで英才教育。
＊あのドヴォルザークに息子の弟子入りをお願いするほどの今でいうステージママ。ドヴォルザークには師事できなかったものの、ドヴォルザークには彼の才能は認めてもらえたようで、彼の推薦でプラハ音楽院でピアノを学ぶことができる。シュルホフ自身も後に、ドヴォルザークのお陰で指針がわかった、と、とても励みになったらしい。
＊その後、ウイーンでかなり厳しいピアノレッスンを受け、その後もドイツのライプツィヒ音楽院、コローニュ音楽院で研鑽を積む。この頃からピアノだけでなく、作曲の勉強も始め、指揮者としてもビュルナー賞を、後に、ピアニストとしてもメンデルスゾーン賞を受賞するなど才能に溢れていた。

＊ドビュッシーに憧れ、１９１３年にはフランスまで出向いていって作曲のレッスンを受けるが、期待していたあの前衛的な作曲法ではなかったのでレッスンを続けるのをやめる。（フルート奏者にとっては１９１３年といえば、無伴奏フルート曲の代表曲『シランクス』が作曲された年で、その偶然の方にフルート奏者としては高まる）

＊１９２０年には結婚もし、一度ドイツに住んだ後、やはりプラハに住み、この１９２０年台は彼のもっとも活躍した年代で、ウイーンの出版社からは一番出版された作曲家となった。各国音楽祭やラジオで放送され、ピアニスト、作曲家としてだけではなく、文筆家、講演家としても活躍する。この当時作曲したジャズの作風を取り入れた作品は本人も「商業的には一番ヒットした」と言っている。しかし彼の音楽活動も次第にナチスによる表現の自由への抑圧により作曲活動の中止を余儀なくされる。

１９３０年代に入るとシュルホフはユダヤ人であるだけではなく、政治的な信念と過激な主張によって、ナチス・ドイツから迫害を受けるようになる。１９３３年以降は、シュルホフは自ら国際的な音楽シーンから姿を消した。

プラハのラジオ局での仕事やピアニストの職で細々と活動していたが、シュルホフの生活も困難になっていた。１９３８年には母が亡くなり、また妻とは離婚することになる。その後、シュルホフは弟子と再婚する。次第に母国チェコでも職を奪われ、やむを得ず偽名で演奏活動を行うようになっていった。

ソ連式社会主義リアリズムに共感していたので、ソビエト連邦に妻子と共に市民権の付与の要請を試みる。１９４１年４月、ソビエト連邦はシュルホフ一家に市民権付与を承認した。しかしソ連に移住する直前の同年6月23日にプラハを占拠したナチス・ドイツに逮捕される。強制収容所に収容され、翌年の1942年に結核のため収容所で息を引きとった。48歳だった。

一見坊っちゃん育ちのように見えるが大人になってからの彼の思想はマルティヌーより熱い。第一次世界大戦では従軍もしているし、ダダイズムやジャズにも傾倒した。育ちが良い真っ直ぐな性格ゆえだと思う。そして何よりユダヤ人としてのアイデンティティゆえだ。

マルティヌーとシュルホフ、このたった6歳しか変わらない音楽家2人は生まれた家庭の貧富の差、性格の違いはあれど、どちらも愛情深い家庭で育ち、周りに協力してくれる人にも恵まれ、早くから作曲家としての認知度もあり、賞歴もあり、音楽家としては恵まれていた方だと思う。フランスまで行き、ドビュッシーに憧れたことがあるなど本当に同世代の青年音楽家同士と言う感じだ。

しかし2人とも1930年代のナチス・ドイツの侵攻によって運命が狂う。
2人とも晩年が幸せだったたか。
マルティヌーは主に政権が理由で祖国に帰りたくても帰れなかった。
シュルホフは政権と人種差別で祖国から出たくても出られなかった。

どちらかが幸せになったわけではない。

時代に翻弄され、国家の体制、人種差別、この国には両方の問題が、私が留学した2001年は社会主義体制崩壊して12年たっていたがその影響は色濃く残っていた。政権が変わったからといって人々の暮らしが即座に変わるわけではない、行政も医療も教育も。そしてこの時代はアールヌーボーのチェコ出身の画家、『スラヴ叙事詩』で有名なアルフォンス・ミュシャも収容所に一度入れられた後に亡くなっている。

不思議なことに、収容所で亡くなったと言われる作曲家はシュルホフもメシアンもイサンユンも皆、管楽器を主体にした曲を残している。

おそらく笛というのは、打楽器に次いで古い楽器で、人間の根源的な音を表わしているからではないだろうか。

そして私にとってはマルティヌーもシュルホフも、チェコを離れて日本に帰って来た今でも惹かれてやまない作曲家だ。

音楽家は収容所で何を思ったのだろう。

どんな音が頭の中に響いていたのだろう。

共産主義体制崩壊後に待っていた、貧富の差に人々の生活は翻弄され、私の体験したあの冬の日の事件に繋がる。

私の14金製の楽器を見て泣いた先生も、強制労働や兵役で手足を失い、職を失った人たちも。

そしてあの雪の夜亡くなったあの男性も。

世界のビール小話～チェコ編「Kozel（コゼル）」～

山羊印のビール。

ライトラガー系ビールでライトとダークビールがある。

300ml なら 100 円もせず、500ml でも 180 円くらいだ。


プラハ芸術アカデミー（Akademie múzických umění v Praze・AMU）のカフェテリアにもあった。

学校だけどビールのサーバーもある。

上手く演奏出来た日などは教授が一杯ごちそうしてくれたりする。

ヨーロッパの大学では実はよくある光景だ。

元宮殿のAMUのカフェは白いロマンチックなムード。

およそ学校らしくはない意匠だ。


その白いロマンチックな学食のカウンターに。


ホルマリン漬け…じゃなくて、カマンベールチーズの酢漬けの瓶がどかっと置いてあった。

ソーセージの酢漬けもある。名はウトペネッツという。

なんとチェコ語で「水死体」もしくは「溺死体」（どっちでもいいわ）。

どちらもチェコではポピュラーなお酒のおつまみや食事の付け合わせだ。

なんでわざわざ発酵食品のチーズを酢に漬けるのか、なんで塩気ある加工肉のソーセージを酢に漬けるのか、しかもそのネーミングが「水死体」て。


ニヤっと笑って（見える）コゼルの缶の山羊を見ながら牛から作った軟質チーズを食べる、豚から作ったソーセージの水死体を食べる。

もう何がなんだかわからない、のだが、どういうわけか濃厚なチーズもソーセージもさっぱり美味しく、これがビールによく合う。


今週のレッスンもなんとか終わった。

また来週までの英気を養うために、ナズドラヴィ（乾杯）！

第五章　ベネルクスでの生活
～ベルギーの音楽院とオランダの音楽院～

～ベルギー　モンス

チェコからベルギーに移り住んだ2003年の夏は、ヨーロッパに熱波が来た年で、フランスやベルギーでもお年寄りが熱中症で亡くなった年だった。

ご存知の方も多いと思うが、ヨーロッパはエアコンディション（冷房）設備があるところ、とくに一般家庭にはほぼない。

私が知っている国ではスペインやイタリアのような南欧になってくると冷房があるが、私の住んだ国にはほぼない。

国によってはレストランなどで、「エアコンディション」（有り）とわざわざ謳っているところもあり、それぐらいエアコンは希少だ。もともと乾燥していて、特に私が住んだ国々は寒い気候の土地だったので、寒さ対策はしてあっても、暑さに対しての対策はなく、冷房があるのはせいぜい映画館とスーパーマーケットくらいだった。

かろうじて見つけた、ベルギーでの最初の居住地・モンスの部屋にはもちろんエアコンなど洒落たものはなく、しかも入学前で自由に音楽院に入ることもままならず、しょうがないので、どうしたかというと、開けっ放しにした冷蔵庫の前にアイスクリームのパックを抱えて座る、という荒技を見出した（大げさだな）。

でも、こんな年でも、夕暮れになって、影が出来る時間になると、乾燥していて、そこは寒いくらい涼しくなるので、まだカーテンのついてない部屋の、影の出来る場所を転々としながら暑さをしのいだ。冗談みたいだが本当の話である。

映画館といえば、モンス王立音楽院の向かいには古き良き、といった趣の小さな映画館があった。入学前で、まだ書類もそろっていない頃だったので、また、デンマークに居る時なども、アンナ・カリーナ特集などを一人で小さな映画館を渡り歩き観ていて、その国その国の映画館の様子を見るのが好きだったし、学校が始まればまず鎮座して映画を観る時間はなくなる。そこで演目を見てみると、ちょうど、カンヌ映画祭で賞を獲った、北野武監督の映画をやっていて、吹き替えではなく、フランス語字幕だったので、楽しめたし、勉強にもなった。ただこの時点でのフランス語はさっぱりだったけれど。

映画は『Dolls』で、菅野美穂と西島秀俊が出演していた。恋人だった菅野美穂を捨て西島さん演じる男性が、玉の輿婚を選び、ショックを受けた菅野さんは精神を病んでしまう、という内容で、映画を観ながら「ほうほう。しかし、こういう時、自殺未遂をしたり病んでしまったりするのはたいてい、女性のほうで、なんで男性ではないんだろう。男性って本当に勝手」とかなんとか思いながら観ていた。そのうちエンドクレジットが流れ、観客がぱらぱら立ち始めたが、私は最後まで名残惜しく一字一字アルファベットで表記される日本人の名前をじっと見ていた。そして最後に出てきた、

Directed by Takeshi Kitano という文字を見て、ああ、こんな世界の片隅の映画館でも一人の日本人として名前を残す人が、と思ったことが何故か今でもとても印象に残っている。

ベルギー　モンス王立音楽院&マルク・グローウェルズ

面白い先生、といえばダントツこの人だ。

マルク・グローウェルズ。

私の歴代の先生の中でも1．2を争う変人だ。


マルクは私がベルギーで一番最初に勉強した、モンス王立音楽院の教授だ。モンスはエノー州にあり、ベルギーはフランス語を話すワロン地方とフラマン語（オランダ語の方言）を話すフランダース地方（そして首都ブリュッセルは一応両方が公用語）に分かれているのだが、フランス語圏の街だ。

モンス近郊の炭鉱地帯ボリナージュ地方は聖職者を目指していたゴッホが滞在していたところだ。


マルクはポーランド系ユダヤ人だった。

ご存知だろうか。ベルギーにはヨーロッパ最大のユダヤ人街があることを。通称「西のエルサレム」と呼ばれる。ちょうど、アントワープ中央駅のひとつ手前の駅、アントワープ・ベルヘム駅の辺りになる。

中世以降、ユダヤ人は国を追われ続けて迫害されてきたが、ユダヤ系ベルギー人のダイヤモンド商人によるダイヤモンドの売買でベルギーの経済の一翼を担い、今日にいたるまでの市民権を得て来た。

最もダイヤモンド産業は今ではインドに取って代わられたようなので、あまり主力でもないようだが、彼らなりのやり方で、ベルギーでの生活の安定、共存をしている。

それでもやはり、中央駅の東側あたりにはダイヤモンドを扱う店がいくつもならび、その辺りでは山高帽に巻き毛、丸眼鏡の黒いスーツ姿、手にはダイヤモンドが入ったアタッシュケース、そしてそのアタッシュケースと手首は手錠で繋がれたユダヤ人商人を見かけることができる。

かなり大きなエリアが、ユダヤ人街になっていて、居住区にはシナゴーグ、ユダヤ人のためのスーパーマーケット、学校などすべてがそろっている。

家を探している時に、このエリアはどんなところだろう、と見に行った事があるが、見た感じは他のエリアとほとんど変わりはなかったが、ほぼ彼らだけで構成されている街は、よそ者が住むところではないと感じた。

夕暮れ時で、女性も男性もあの黒いスーツの正装に巻き毛の髪、キパという帽子をかぶって行き交う様子は、とても幻想的な雰囲気だった。


マルク自身はベルギーの海際の街、オステンデで育ったらしい。

マルクは自分がユダヤ人である事をとても誇りに思っていた。

歴史的にも優れた作曲家、演奏家にはユダヤ人が多いので、作曲家や演奏家の名前が出るたび、そいつユダヤ人だぜ、と自慢気に言った。

また、マルクはあの『リベルタンゴ』でおなじみのピアソラ（アストル・ピアソラ

1921—1992．アルゼンチン生まれの作曲家）フルートとギターのための『タンゴの歴史』を献呈された初演者だ。

ピアソラが当時、ベルギーに本拠地があった、モーリス・ベジャールの20世紀バレエ団の音楽を担当していた時に出会い、マルク・グローウェルズとギタリスト、イヴ・ストルムスはリエージュ国際ギターフェスティバルで『タンゴの歴史』を初演した。

そういう事もあって、世界各国から教えを請う生徒が沢山いたし、私もこの曲について、貴重なレッスンを受けることが出来た。

音楽院の生徒は多国籍で、フルート・クラスにはギリシャ人やスペイン人が多かった。私がいたときは、フランス人もいたし、あとは地元ベルギー人の生徒だった。ただし、ベルギー人と一言で言っても、ベルギーは、フランス語を話すワロン系と、フラマン語というオランダ語の方言を話すフランダース地方の人で同じ国ながらコミュニティが2つに分かれているので、そこにもやはりメンタリティや言語の違いが出て来て実に面白い。

今は韓国人が増えて、マルクは毎年のように韓国でコンサートをしている。私が韓国に自分のコンサートで行った際も偶然だったが来ていたようだ。マルクの自宅は元印刷工場をリノベーションしたお洒落な建物だったので、韓国のインテリア雑誌に取材を受けたりしていた。

マルクのレッスンは、他の生徒のレッスンをみんな聴く、が基本だ。人に自分のレッスン・演奏を聴かれたくない、とかそういうのは通用しない。

実際私もすごく勉強になった。レッスンの内容もさることながら、各国の留学生が運んでくるアイデアやレパートリー、メンタリティ、そして同じ曲を演奏していても出身国のお国柄や言語の語感、も感じ取れて、とても興味深かった。

ベルギー人にとってはここが初めての音楽大学、専門機関だから、やはり海を渡って、または遠い国からマルクに習いたくてやってくる留学生の本気の演奏を聴くと刺激になるし、留学生は、ベルジアンスタイルのレッスン、学校の理念を見ることが出来る。

毎週月曜日が音楽院でのマルクのレッスン日だった。だったのだが。なんとマルクのクラスは時間が決まっていない。

9時から17時までの間ならいつでも来てよくて、基本毎週公開レッスン。やってきたこと、今その人に必要なことをアドヴァイスしてくれるのが基本的なレッスンスタイルだ。

スケールやエチュードをはじめとしたテクニックや基礎的なレッスンはアシスタントのジョンのレッスンが別の時間に組み込まれているので、マルクのところで演奏するのは基本的に曲のみだ。そしてほぼ毎週伴奏員がちゃんとつく。上手い下手で何か言われることはない。

ただし、わざとあおって怒らせてやる気にならせる、ということはしばしば起こるので最初のうちは皆戸惑う。

大体、専攻楽器の個人レッスンなのに、時間が決まっていない、もはや個人のようで個人でない状態なのだ。

しかもそれを事前に説明されていないので、まじめな子であればあるほど最初は皆酷く混乱する。

マルクの「面白くない吹き方だな〜」というからかい半分（？）の指導に「面白いって何よ！！」とギリシャ人の女の子が言い返したりしていて実に面白い。

ただ、私達の時代によくいた、生徒を人前で追い詰めて泣かし、生徒が泣きながら出ていく、というレッスンではなかった。

私も、レッスン時間が確保されていないことを言わないことに関して抗議すると（ちなみによく休講にもなるし、午後から無くなったりもする）

「知らね〜よ、俺は俺の主義を変えるつもりはない！」とくるので、

「そんな自分勝手な主義なんてそれこそ〝知らね〜よ〟だよ」と返すと、ぎょろっとした瞳をいたずらっぽく返し、なぜかちょっと嬉しそうにしている。

そう、マルクは何か言われてしおれてしまうような生徒、音楽家よりもちゃんと自分の想いを主張できる人が好きだったし、認めてもいた。まあ、だからといって彼の主義は覆りませんけどね。

―教訓・人は人を変えられない。


マルクのレッスン、および哲学はユニークかつ自分勝手で的を得ていた。

ある日、私の楽譜の書き込みを見て、これどういう意味？と聞くので、

「ああ、前の先生が書いたんだけど、その先生だいぶ変わってて、そんなわけでちょっ

と解釈も変わっていて」と答えると、

「おおそうか。言ってみろ。変な奴の意見は時折、真実をついてるぞ」

変人がそう言うんだからそうなんだろう。

ただ、自分の意見と違うからと言っておかしいと決めつけず一度受け入れてみる、という、私の中で意外とこの言葉は今でも心に残っている。


「面白い」って何?となったレッスンの時も、また持ち帰ってどうすれば人が聴いたときに「面白い」＝「楽しい」＝「ワクワクする」演奏にするか、もしくはマルクがさした言葉が「その音楽に相応しい音色」なら、曲によっては「琴線にふれる」＝「悲し気な」＝「優しい」など。それこそ、「技術」からは入るのではなく、正しく「ガイド」案内することによって、自分で考えて出来るように導く。

「答えを求めるレッスン」は所詮自分で考えないのでいつまでたっても自分のものにならないからだ。そして、次回以降のレッスンでちゃんと演奏できるようになっていると、それはそれは認めてくれた。

最初のうちは混乱して落ち着かないが、慣れてくると、みんな仲間になるし、ブリュッセル方面から電車に乗って朝9時からのレッスンに間に合うように到着する、通学路の途中で一緒になったベルギー人の女の子と学校の前のサンドイッチ屋さんで大きな瓶の中に入っているクロワッサンを取り出してお金を払い、パンをくわえたままレッスン室に飛び込む。そんな月曜日になった。

王立音楽院は街の中心のグランプラス（広場）、市庁舎の並びの建物だった。一角にはチャイニーズの店もあって、時々そこでマルクと、他の学生たちとランチを食べた。マルクはこんな人ではあるが、私の注文した料理が遅いと、ほら、これ食べろ、と自分の注文した料理を分けてくれるような優しさがあった。

時々　モンスからブリュッセルまで車に乗せて行ってくれる事もあった。

車に乗ると、ヴァイオリニストの恋人（現奥さん）にスピーカー・フォンで電話して、今　ゆかりも乗せて帰るところ、と言っていた。

〝ゆかりってだーれ？〟〝日本人の生徒だよ〟

思えばこれだって恋人に心配させないようにオープンにしている、彼なりの思いやりなのだ。

そして、ある日、マルクが運転しながら「ほら」と指をさした方を見ると、前方にマグリットの描くような雲が前方に広がっていた。

この学校は小さな佇まいながら、先生はなかなかの一流ぞろいで、室内楽の先生にも恵まれた。

古楽界で有名なギー・ファン・ワース。

現代音楽とジャズが得意なピアニストのジャン＝フィリップ・コラール・ネヴェン、アシスタントのフランス人ヴィオリストでケルンギュルツエニヒ・オーケストラのヴァンサン・ロヤー。管楽器の教授陣も一流ぞろいだったので毎年途切れることなく日本人留学生がいた。

他の楽器の授業や試験も聴くことが出来たので、とても楽しかったし勉強もできたし、友達も出来た。

とりわけギター科の教授はあのオダイル・アサドで、クラスの雰囲気も良かったし、何故か一人フルート科の私が聴きにいっても、自然に受け入れてくれたので、とても居心地が良かった。

このギタークラスの素晴らしい才能の持ち主の若きギタリスト、アドリエンと室内楽クラスでピアソラ『タンゴの歴史』を一緒に学び、沢山の演奏会に出演させてもらった。モンスの教会で演奏したオーケストラのブラームス3番も思い出に残っている。

講義の授業で印象に残っているのは、マダム・ゴーベール（フルート吹きならだれでも反応する作曲家と同じ名前！）の比較芸術史。

フランス語がさっぱりわからないまま授業に出席し、実技の先生と違って英語を絶対話してくれなかったので、とにかく拾えるフランス語を必死で勉強し、それでも絶望的な気持ちで試験を受けた。

試験は口頭試問の形式だった。さらに絶望的な気分で臨んだ。

部屋に入ると、試験官が前後2列に並んでいる。前の席の真ん中に座っているマダム・ゴーベールがスライドで世界中の建築物の写真を映して、国や時代を質問しているのがわかった。

片言のフランス語と持てるだけの建築物の知識を総動員して答えた。

やがて状況に慣れてくると、あんなに授業で英語を話してくれなかったマダム・ゴーベールが時折英語を挟んでくれているのがわかった。

最後にギリシャのパルテノンが映り、パルテノンとはなんですか？と聞かれ、はた、と止まった。

「パルテノン＝神殿」・・・？神殿、ってことは・・・シュ、シュライン（神社）・・・？、違うだろうな、と結構確信していたが、とりあえず何か答えないと、と思い、消え入るような声で答えたが、答えた瞬間教授陣に「ええ～？？」と訊き返されてひるんでしまった。冷汗をかきながら、英語とフランス語で建築物の用途・・・を必死で考えたがこの時の私はまだフランス語での会話もままならない頃だ。

そうしたら、後列の試験官が一生懸命エアで口を動かして何か訴えている。

じっとみること数秒。

・・・あ！！！！！テンプル（寺院）って言ってる！！！！！

そこで、テ、テンプル！！、と答えたら、私だけでなく、試験官全員が、ほおお～～～～と、安堵した声ともいえない声を発し、試験を終えることが出来た。

未だもってあの試験官がなんの科目の担当教官だったのかわからないが・・・

とりあえず、メルシー・ボクー・・・。

マルクのコンサートもよく行った。

郊外にあるお城でのコンサートやギャラリーでのコンサートなどマルクはよく〝俺は小さいところで演奏するのも、大きなところで演奏するのも大好きだ〟と言っていた。

真実だ。

もともとクラシック音楽というのはサロン（居間）で演奏されるものだったのだ。

大きなホールのリサイタルも嬉しいものだが、お客様に息遣いや振動を感じて頂ける距離も楽しい。

どちらがすごいわけでもえらいわけでもない。

そしてこのコロナ禍で、
自宅前でカルメンファンタジーを1人でフルートで吹き始めて喝采を浴びていた。毎日決まった時間に動画も配信していた。
マルクの住んでいるマドゥは移民の多いエリアで、ストリート風の青年たちも、ビジャブ（頭や体を覆う）を被ったイスラムの人も立ち止まってびっくりしながら聴いている。窓の中の自宅待機のおばあさんも、スマホで窓から撮影する人も。

みんなを笑顔にする、
このスレスレのカッコ良さがあった。

「ユカリ、俺は自粛は仕方ないが、街やみんなが暗いのは好きじゃない」

とかなんとか言いながら、あのギョロっとした目にニヤリとした顔で。

今はさっさと切り替えてオンラインレッスンを音楽院の生徒のためにしているようだ。

もちろん、彼のことだから、面倒くさいな〜、そんなに対面レッスンはだめなのかよ〜、ぐらいは思ってるし、実際言っていた。

ただ彼は、「自分の声」をどんなに立場の上の人にでも、ちゃんと主張する人だったし、それを何度でもトライする。しかし、これは無理だと感じたら素直に受け入れて、切り替える。その切り替え方も早いので、次に策に移るのも実にスマートだ。

これこそユダヤ人特有の賢さだと思う。ゴネても仕方がない。

マルクは普段から、このように少々強引ではあったし、しばしば自分勝手ともいえる主張はしたが、人のため、または生徒のためにもちゃんと声を上げてくれていた。

もう既に自国の音大を卒業しているのに、必要以上の音楽以外の科目をフランス語で取らなければいけない、時間的に非効率的なルールに対して、ちゃんと学長に留学生が来るたび掛け合ってくれた。

他の先生だって、可哀想に、とか、非効率的だよね、などと言ってくれたが実際に人のために声を上げる人は少ない。

もちろんマルクが叫んだからといって外務省や学校のルールが変わるわけでもない。

それでも「He is Crazy!」と言ってるだけの人とは違っていた。

お前、もっと面白く吹けよー。

つべこべ言うな、美しく吹けー。

相変らずそんなことを言いながら、今はオンラインでパソコン越しにレッスンをしているのだろう。

本当にクレイジーな人だ。
でも愛されている。

世界のビール小話～ベルギー編 クリーク～

ブリュッセルに住んで初めて知り合った日本人ピアニストの友人の部屋の向かいにブラッセリーがあって、彼女と飼い犬とリハーサルの合間や食事の時間によく通った。
その時よく飲んだのがクリーク。
ランビックというその土地の野生の酵母で自然発酵させてつくるベルギー独自のビールに７～８月に収穫されるサクランボ（クリーク）を加えて二次発酵させて作るルビー色の美しく果実の味わいが爽やかなビールで、ベルギー名物子牛のビール煮やムール貝、そして付け合わせの山盛りのフリッツによく合った。

（他にもフランボワーズや桃、梨といった果実のものもあり、特にフランボワーズは食前酒にも好まれる。）

トルコ人給仕のアカンにマイクと名乗らせるラシストの店主夫婦の店だったけれど。

「あ～！演奏の後の一杯は！」と感無量でグラスを合わせると視線の先にクリーク色の夕暮れ。そして友人の横にキリリと佇むボクサー犬。

オランダ　アムステルダム sweelinck 音楽院

アムステルダム sweelinck 音楽院はアムステルダムのど真ん中にあり、有名なコンセルトヘボウ、ゴッホ美術館、市立美術館に囲まれて、隣の通りはアムステルダム一番の高級ショッピングストリートと言われていたP.C（ペー・セー・）ホーフト通りだ。コンセルトヘボウの前にはいつもお花屋さんが出ていて、音楽家の集まるカフェはいつもにぎわっていた。その先には音楽家には有名な楽譜屋さん、「Brooeckman&Poppers」がある。おそらくここは私が世界で一番好きな楽譜屋だ。

学校名に冠されているSweelinck＝スヴェーリンクはアムステルダム出身のルネッサンス～バロック時代の作曲家で、イタリアのフレスコバルディと並ぶ作曲家だ。

古楽が有名なアムステルダムらしい由来名だ。このようにヨーロッパにはその国・土地を代表する作曲家の名前が冠されているケースが多い。

例えば、ベルギーのリエージュ王立音楽院にはセザール・フランクの名前がついている。今は中央駅近くに移転していて、大層現代的なビルになってしまったらしいが、当時のアムステルダム音楽院は、中央駅から5番、2番のトラムに乗って、ファン　バーレ　ストラート（Van Baerlestraat）にあった。ドアには半月型に美しい彫刻が入り、回転ドアを開けるとコンシェルジュがおり、その左側にはメールボックスがある。

そこで学校からのお知らせや手紙、生徒や先生たちとの楽譜のやりとりや、泊めてもらう部屋の鍵のやりとりまでしていた。

私は自分がここの学生になるまでにも、数回この学校に訪れていたが、私はこの学校の佇まいがとても好きだった。

第二次世界大戦以前の建物が少なく、埋め立てた土地であることもあって、オランダは歴史的な建物が少ないとされているが、それでもレンガ造りの独特の建物や運河にかかる橋、クラシカルな部分とモダンな部分が混在する、私にはバランスの取れた国の印象だった。

国民もウイットに富んでいて明るく親切で、皆語学も堪能だった。たいてい英語・ドイツ語・フランス語は話せるし、加えてイタリア語・スペイン語が話せる人も少なくない。チェコからベルギーへ移るとき、とてもアムステルダムに来たかったのだが、受験の時期が合わず、先にベルギーに行くことにした。

ベルギーのブリュッセルからアムステルダムまでは直通列車で2時間で通うことが出来たので、まずベルギーに住んでから考えることにした。

ベネルクスに移り住み、1年経とうとした頃、やはり、限られた時間で勉強するならアムステルダム音楽院に行きたい、と受験し直して入学した。

フルートの教授は現代音楽のスペシャリストで、アムステルダムの他にもドイツのブレーメン音楽大学で教授をしていた、ハリー・シュタレフェルト先生だった。アムステルダムは古楽で有名だが、現代音楽でも世界的に有名で、現代音楽の作曲家のコンクール、ガウデアムス国際作曲コンクールがあり、先生が所属している現代音楽グループはこの作曲コンクールの作品を演奏する公式団体NIEWE EMSEMBREだった。

門下生の代表選手に元コンセルトヘボウ管弦楽団、元ボストン・フィルのジャック・ズーンがいる。わたしもジャック・ズーンの演奏は大好きで特にバッハのフルート・ソナタ集は今でも愛聴している。このアムステルダムには、優秀な生徒が沢山いた。中でも知的な演奏で毎週のレッスンの曲も暗譜してくるドイツ人のファビオラの演奏は好きだった。また、オランダ人の生徒達も明るく親切で、一人も感じの悪い子がいなかった。ちょっとシャイなトルコ人、カナリア諸島（！）から来ていた優しいマリア、他の門下生の子たちもとても親切だった。

なかでも、アイスランド人の留学生は抜きん出た存在だった。演奏だけでなくその佇まい、知的さ、勇ましさ、そして美しさ。ファッションのセンスも独特で、色彩豊かな、個性的なファッションは、やはり以前住んでいた、同じ北欧・デンマークの人のお洒落さを思い出して、私にはなんだか懐かしく嬉しい存在だった。

そんな彼女だったので、ヨーロピアン同士ではぶつかることもあったようだが、どちらの学生も私にとっては親切だった。ただこのアイスランド人の学生は、とても芯が強くぶれない精神を持っていて、そんなところもみんな「気になる」存在だったのだろう。私はその清々しさ、真っ直ぐさもさることながら、調子の悪い時には相談にのってくれたりして、信頼できる同級生でアーティストだった。名前をメルコルカといった。このメルコルカとはなんと日本で再会し、共演している。２０１２年のサントリープレゼンツ「一万人の第九」のオーケストラだ。メルコルカはフルートで、私はピッコロで。メルコルカは当時西宮芸術文化センター管弦楽団（ＰＡＣ）に首席奏者として在籍していたのだ。まさかメルコルカが日本に住んでいるなんて本当にびっくりしたが、お陰で共演することが出来て感激だった。今はアイスランドに帰って子供を産み、詩人としても活動している。

音楽留学、というと、ウイーン、パリ、またはドイツを思い浮かべる人は多いと思う。

当時、留学先に日本で教えていた生徒からの手紙に「オランダって音楽が有名なんですか？チューリップと風車の国だと思っていました」と書かれていた。

しかしオランダはことほど左様に古楽、現代音楽、またＪＡＺＺも有名で、アムステルダム音楽院、ハーグ王立音楽院はオランダと言えば、ヨーロッパでもまず挙がる名前の音楽院だ。そしてコンセルトヘボウ管弦楽団に代表されるように、オーケストラも有名で、また優秀なソリストもたくさん輩出しており、私の中ではかなりのツボ、バランスの取れた、一番といっても過言でない気に入りの国である。


レッスンの他に、ここでもハリーのフルート・クラス全員で今、レッスンで見てもらっている曲を、伴奏員付きの演奏で全員が聴いている前で演奏して、先生と、クラスの生徒に意見をもらって参考にする、というクラスで人の演奏を聴くことが出来るのはとても勉強になった。

また、門下生全員で、スティーブ・ライヒ『ヴァーモント・カウンターポイント』を演奏したのも印象に残っている。

伴奏員のヤープも優秀なピアニストで、２人で用意するときも、良い意見をもらえたし、知的で明るい、赤毛が印象的な男性だった。

確か奥さんがハンガリー系のユダヤ人で、オランダはアンネ・フランクでご存知のように、沢山ユダヤ人を受け入れてきた国だから、なるほど、と思った。もちろん、私はこの時既にチェコに居たことがあり、ベルギーのマルクもユダヤ人だったので、全く偏見もなく、ふうーん、きっと賢い奥さんなんだろう、と普通に思った。ヤープはちょっと自分の奥さんがユダヤ人、と言ったときの反応を見ているようだったけれど。

残念ながら、ヨーロッパでは、いまだにユダヤ人に偏見を持っている人も多い。

今日では日常生活ではあまりそういったシーンを目の当たりにすることはないが、それでも何度か、私でも根強い差別感があるんだな、と感じたことがある。

最も、私にはユダヤ人には優れた作曲家、演奏家が多い印象と、何より私自身がアジア人でマイノリティーだったので何も問題ではなかった。


室内楽では、ハープとのデュオを組んだ。アムステルダムに泊まる際はハープ科の教授、エリカ・ワールデンブルグ女史の所有する、中央駅に近い家をハリーの紹介で借りていた。中央駅から歩いて街の中心地へ行く手前、右手の運河の向こうの建物の屋根に、色のついた守護天使の像がある家があり、そちらの方へ行くとエリカの家があった。

アムステルダムに通っていた時は、その天使を横目で確かめるのが、何か、幸福の印のように思えた。

雨が多くて曇り空の多いアムステルダムの空の下。そのエリカの弟子のしっかり者の女の子とデュオを組んでコンサートに出演したり、室内楽の試験を受けた。

レッスンで見てもらっている曲が仕上がると、順次間髪入れずに学内のホールでクラス・コンサートをしていた。

ハリーが現代音楽家のスペシャリストだったので、古典的なレパートリーに加えて、びっくりするような技術が満載のコンテンポラリーミュージックを演奏する学生も何人かいて、聴きごたえがあった。

フルートの定期試験もだが、もっと印象的だったのは、エチュード（練習曲）の試験で、それが、12曲用意しなくてはならないのだ。

もちろん、音大レベルのエチュードなので、どの作品もかなりの難易度のものを自分で選んで用意、演奏しなくてはならなかったのが、一番大変だった。

エチュードは、協奏曲やソナタなどの曲を演奏するための、基礎と読譜力（譜読み、とは違う）がないと、むしろ曲より大変なことが多いので、様々な自分の足りない部分を思い知らされるのだ。

もちろん12曲全部演奏させてもらうわけではなく、提出した12曲から当日試験官が指定するので、12曲仕上げなくてはならないが当日はどれが出るかわからない、というなかなか苦痛のともなう準備であった。

そしてこの試験があったのは後にも先にもこの学校だけだった。

そんなハードな部分もありながらも、オーケストラ・スタディの担当の先生は、ロッテルダム交響楽団首席フルート奏者だったマリーケ・シーネマンで、何人かで一緒に受けるクラスだったが、現役のオーケストラ・プレーヤーらしく、こちらの質問にいつも真摯に答えてくれたし、音響学の先生も他のフルートの門下生と同じだったけれど、先生も分かりやすい英語と興味深い内容で、クラスメートも優しかった。

離れた場所にある、別校舎にあるBach Zaalというホールでクラス・コンサートをしたり、その道中のアムステルダムの街並みも、とても好きだった。

色んな国で、部屋を探して来た自分にとって、ここに住んだら、このエリアだったら、と想像するのが癖になっていて、そうすると、もう灯りの消えたお店や、郵便局などを見ながら街によりシンクロナイズすることが出来て存外、愉しかった。

ある日、ハリーと街を歩いていると、物乞いの女性が寄ってきた。物乞い、といっても服装はこぎれいで犬を連れている。オランダ語と英語で話しかけてくる。ハリーがオランダ語で決然と断っていた。「なんて言ったの？」と訊くと、「僕は君が麻薬を買って路上生活をするようなお金をあげるつもりはない、って言ったんだよ」。オランダは一部の麻薬が合法ではあるが、オランダ人は反面とてもクリーンで意志がはっきりしているので、簡単に慈悲を与えるようなことはしない。その証拠に、私はベルギーで同じ女性が同じように物乞いをしている姿を見た。生活を立て直す気持ちなどないのだ。

反面、先生は日本人好きで優しかったし、よく地下の学食でうっすい珈琲をごちそうになった。学生なりの苦しさはあっても、最初に思った通りやはりレベルの高い良い音楽院だった。全ての試験を終え、通っている間に子宮の手術もしたこともあり、片道2時間以上かかる通学時間と体力的なことも鑑みて、学士の最後の学年を修めた。


そしてこの時も意外と東欧出身の作曲家、旧チェコスロバキアのフンメルのソナチネや、ユダヤ系ロシア移民作曲家コープランドのデュオなどをよく演奏していた。

ある日のレッスンの終わり、音楽院を出て、ハリー先生が帰り道を送ってくれた時、さっきまでレッスンをしていたコープランドの2楽章をふっと口ずさんだ。

180cm以上ある先生の後ろから夜空を見上げて、オレンジ色の灯に浮かび上がるレンガ造りの建物の脇を歩きながら冷たい空気を吸い込んだ。

私のアムステルダム音楽院時代のある日の冬の記憶だ。

世界のビール小話～オランダ ハイネケン～

「そのお店はハイネケン工場の近くだよ」
ハイネケン。ヘレスの淡いラガービール。
星のマークが描いてある緑の瓶や缶をすぐ思い浮かべる人も多いと思う。

母がベネルクスに訪ねて来てくれた時、当時学んでいた、アムステルダム音楽院の教授が折角だから君のお母さんとみんなで食事をしましょう、といって、
日本食屋さんを予約してくれた。
アムステルダムで食べる天婦羅やお酢を使う日本料理にもさっぱりしたハイネケンは良く合った。

インドネシアを植民地としていたので、インドネシア料理店も多く、ピーナツだれのサテや
アヤムゴレンにもハイネケンはよく合う。

帰りにトラムを待っていると、先生が、ほら、あれがハイネケンの工場だよ、と教えてくれた。
すっかり日が暮れて、灯りの消えたハイネケンの工場がそびえたっていた。

「そのお店はハイネケン工場の近くだよ」
なんともアムステルダマーらしい台詞だと思う。

ブリュッセルでの入院、そして手術

また今月もきた。

もう普通の生理用ナプキンでは間に合わないので、日本から送ってもらっていたショーツごと生理用ナプキンになったものを履いたそばから、太ももをつたって血が流れてくる。

ベルギーでの生活も2年が過ぎようとしていた。

モンスからブリュッセルに越してきて、生徒にも恵まれ、学びながら、演奏や指導の仕事もこなしていた。

しかし、私は初めて生理がきた時から、非常に生理痛が酷く、腹痛、頭痛、痛すぎてもどす、倒れる、となかなかの重度の生理痛だった。

また、長年、朝目を覚ましてベッドから起き上がるのも、ゆっくり、ほんとうにゆっくり体をまず横向きにして少しずつ起き上がらないと、目の前が真っ暗になって目が回り、立てなくなるという状態が続いていた。慢性の貧血である。

尾篭な話で申し訳ないが、月経時は普通の生理用ナプキンでは間に合わない。それどころか、文字通りじゃーじゃー、尋常じゃない量の血が出てきてトイレから立つことが出来ないくらいになっていた。

そろそろベルギーでも産婦人科にいかなきゃ。

プラハで診断を受けて、子宮筋腫を大きくしない薬は失くなっていた。世話焼きのベルギー居住歴の長い日本人ピアニストに教えてもらった産婦人科を訪ねてみることにした。

眼鏡をかけた、穏やかで優しい医師だった。

緊張をほぐすためか、私が日本人と知ると、奥さんが染色の勉強で日本に行っている、と教えてくれた。

私がフルート奏者だと知ると、マルク・グローウェルズを知ってる?と訊くので、知ってるわ、私の先生よ、と答えると、すごいね、と言ってくれたが、私は産婦人科で診察を受けながらマルクの名前が出てきて、なんだか複雑な気分になった。


診断の結果は「かなり大きな子宮筋腫が真ん中にあります」と図解しながら、「かなり大きいので、もしかしたら、2回に日を分けて半分づつ取る手術をしなくてはいけないかもしれません」とゆっくりとわかるように説明してくれた。

ただ、こちらは手術が出来る病院ではないので、総合病院に行ってください、と。

まいったなあ。
今、手術して、練習の手を止めるようなことはしたくないなぁ・・・
でも本能的にわかっていた。
もう限界にきていて、手術をした方が良いということを。

ブリュッセルにある、大きな総合病院は確か3つで、そのうちの2つに産婦人科があり、年頃のせいか、ブリュッセルで国際結婚をしたり、駐在員の奥さんでこちらで出産する人が、よくサン・ピエール　ホスピタルが良いと話しているのを覚えていたので、その病院にかかることにした。ベルギーだけでなく、ヨーロッパの病院・歯科などは大きな看板を出しているわけではない。

たいてい建物の入り口に金のプレートに「gynécologie（産婦人科）：Dr.（医師の名前）：：：」などと書いてあるだけだ。だから普段からの注意力が大事になってくる。またはは友人知人に聞いた情報を覚えておく。病気と言うのはたいてい緊急だから。

病院のまわりは少し移民街の趣もあったが、ひとたび大通りに出ると初夏の緑が美しい、混沌と美が混在した、ブリュッセルらしいエリアだった。

受付で産婦人科のフロアを聴いてエレベーターで上がり、1回目は確か予約を取ってないので、その場で初診の予約だけ取って帰り、出直した。

予約を取った日に診察を受けにくると、髪も髭も黒くてくるくるしている眼光の鋭い、ジャン・なんとか・・という、いかにもフランス語圏出身の名前だったが、ビジュアルからするともしかして、ルーツはギリシャや中東かもしれない、と思った。お世辞にも愛想の良い医師ではなかった。

検査結果を待つ間、何回か受診する必要があったが、割と先生の都合で日が開くことがあったので、やきもきした。

早く、出来れば夏休みの間に手術をして秋の演奏会に備えたかったのだが、「夏はできない。これから2週間病院に来ないから」とかなんとか言うもんだから「この間も休んでたでしょ！どんだけ病院からいなくなるんだ」と怒ったら、しぶしぶもう一度検査して「あ、手術しなきゃ」・・・だからそう言ってるし。

結局夏のうちに手術をすることになった。ていうか、やっぱり、出来るんじゃないか。

入院の手続きを別棟の部屋で受けて、自分のアパートメントにもどり、私は一人で入院中の最低限の身の回りの物を小さなスーツケースに詰めた。


一人で来たの？

荷物はこれだけ？

ウイ（そうよ）、と頷く私にほんの一瞬怪訝とも不憫とも思える表情をした看護師だったが、すぐに笑顔で病室内の私が使えるロッカーを教えてくれた。

荷物はほんの少しだったし、初めての、しかも婦人科での手術で、ちょっと緊張するものの、あとは横たわって時を待つだけだったので、ベッドに横たわった。

清潔な白い部屋の中で、とにかく今は日々の練習を忘れて眠って良いんだ、ということ。

承諾も得ず、全身麻酔だった。

気がついたら夕方で、病室に戻ってきていた。手術の翌日、友人がお見舞いに来てくれた。その後、母と母の学生時代の友人が日本から来てくれた。

スリーズ　オウ　ジャポン
ゴッホのアーモンドツリー『アーモンドの木の花と枝』という作品がある。明るいブルーを背景に白〜薄い桃色の桜のような花をつけたアーモンドの花の絵だ。
ベルギーの病院では手術後、療法士が病室に来て足のマッサージをしてくれる。ラヴェンダーの良い香りのクリームを使って。
ベルギー訛りのおっとりした英語で彼女は
「あなた日本人？ベルギーではね、春になって風にのって花の香りがすると、〝スリーズ　オウ　ジャポン〟〝日本の桜の香りね〟、って言うのよ」
「スリーズ　オウ　ジャポン？」
「そう」

二泊三日で帰されるところを三泊四日で退院した。ベルギーでは出産も24時間経ったら退院させられる。
1日延びたのは術後のヘモグロビンが足らなかったからだが、看護師さんに「ねえねえ。どうする？1日入院延ばす？ヘモグロビン足らないんだけど〜」と訊かれて、それは、患者が自分で決めることなのか？と思ったが、かなりの貧血を感じたので延泊することにした。

そして、退院した私に母から電話。母に同行してきてくれた母の友人が財布を掏られたらしい。

というわけで、お腹にまだ糸が付いた状態でブリュッセル南駅にある、警察に被害届を出しに行った。

お陰でどれくらいで社会復帰（おおげさ）、本気で練習できるようになるかな、という私の懸念は自然ふっとび、いやおうなしにいつの間にか動き回ることが出来るようになった。

けれど、母と母の友人は当時住んでいた街まで来てくれて、私の部屋で水まんじゅうを作ってくれたり、大したもてなしも出来なくて恐縮だったが、一人でいるよりいい意味で気を張っていて良かったと思った。


中学生の頃も痛みで駅でうずくまっていると両親が迎えに来てくれた。

38度の熱があってもレッスンに来いといわれた日本の学生時代だったし、風邪を引くなら前日から風邪を引くと言ってちょうだい、と言われたこともある。だからイギリスのレッスンの時も雨の中、痛み止めの薬をワンシート飲んでふらふらになりながらレッスンに行った。

薬は生理前から生理後まで2時間ごと飲んで、アスピリンをまるでサプリのように服用していた。

クラシックの世界は学生の頃から、休むのは悪いこと。

体が弱いのね、向いてないいんじゃない？
そんなに弱いんだったらやめたら？
と言われる世界だ。

生理痛、とか偏頭痛とか、そういった症状の困ったところは「病気」とは思ってもらえないことだ。

母は「会社には生理休暇っていうものがあるのよ。だから痛くて休む人もいるんだから気にしなくても良いの」
と言ってくれたが、どうして私はこんなに痛むんだろう、自分が弱いからダメなのか、とずっと思って来た。

なんで私だけ・・・みんな元気でいいなあ・・・。
でも。だからといって、ずっとこのままでいるの？
まだ体が出来ていない若い時は月に何度も発表会や試験で必ず生理が来た。
沢山練習したのに。いつも悔しかった。
遺伝だから？大人になれば治る？それとも仕方がないと開き直る？諦める？
それは絶対にいやだ。
病院に行って治るものかどうかわからない。
でもずっと毎月生理が来るたびに、私、調子が悪いんです、と言い訳していくのか？

それは私達、実演演奏家には全くあり得ない話だ。

少なくとも手術や治療で緩和されるかもしれないなら、それこそプロフェッショナルの演奏家としての義務だ。


生理痛というものは、女性ならわかると思うけれど、生理期間だけが痛いわけではないのだ。しかもPMS症候群（月経前症候群）などもあり、大人になれば余計症状が出て来る。

痛みだけでなく、不眠、鬱・・・眠れずに一晩焦燥感と涙が出て来る。

明日も吹かなきゃならないのに・・・。

眠りたい眠りたい。どうしてわたしは眠れないの。


手術が終わって、ドクターが病室まで来てくれて、術後の経過を診てくれた・・・が、なぜか私のベッドに腰かけて・・・て、お前は私の彼氏か?

「思ったよりずっと大きくて、根深い筋腫で取るのに時間がかかったよ。

秋まで待っていたら、手遅れで、子宮ごと取っていたかもしれない」得意げに説明される。

そう、良かった・・・て、ちょっと待て。

秋じゃなく夏の間に手術をしてくれと言ったのは私じゃないの・・・。


「でも、ちゃんと筋腫を取ることも出来たし、妊娠もできるよ」

「・・・生理痛は?」

「それに関してはほぼゴールに達したと思っても大丈夫だよ」

「・・・・・・」

「どうしたの？」という目をするドクター。

黒い毛むくじゃらの髭にくるくるの髪。同じく黒い瞳。

「・・・ありがとう」

と目を見て言ったら、少し驚いたような顔をして、

「・・・どういたしまして」と言ってベッドを降りて去っていった。

その後、抜糸にきたら。看護師たちが「この下手な縫い方は・・・Dr.ジャンね！」
・・・やっぱりな。

術後、初めての生理が来た時、びっくりした。

本当に痛くないのだ。

朝もめまいがしない。

経血も標準どころかだらだら長くない。

手術をして本当に良かった。


そして思う。

日本に居た時から、母が、いつか産婦人科で診てもらった方がいい、と言ってくれていたから私は病院に行ってみよう、という意識が働いた。

友人の中には私のように強い生理痛で悩んでいる人もいたが、やはり、行きにくい病院であることと、病気ではない、遺伝である、などと理由づけて行かない人が多い。でも、私がチェコに居た時、3歳年上の先輩が卵巣がんで亡くなった。見つかったときには全身に転移していたらしい。色が白く、ハーフのように可愛い先輩だった。病理検査の結果、私の筋腫は悪性ではなかったが、悪性だったり、酷い内膜症の可能性もあるから、本当に大事な人であれば、首に縄を付けてでも、病院に連れて行ってあげて欲しい。または、勧めてほしい。

そうすれば、私のように、自分を本気で心配してくれている人の言葉を思い出して病院に行けるかもしれない。

発想を促す、ということが大事だと思う。

手遅れになる前に。

世界のビール小話～ベルギー編 Jupiler ～

ベルギーには 1000 種類以上のビールがあると言われている。
クリーク、ヒューガルデン、シメイ、レフ・・・ああ、ビールが飲みたい。
味や香りに特徴のあるビールばかりではない。
ベルギー人にとっての日常のデイリー・ビール。
それは赤い缶のジュピラー。
ベルギー国内での消費量は 70% を越えている、デイリー・ビールの代表格だ。
このクラスのベルギー・ビールは日本ではステラ・アルトワの方が有名だと思う。
それもそのはず、ジュピラーはまだ日本で販売されていない。

アルコール度数は 5% ほどの、透き通った金色にクリーミーな泡、すっきりとして飲みやすいペール・ラガー。どんな食事にも、特に日常の食事に合う。リエージュ近郊のジュピール村の醸造所で造られたから、ジュピラー。

例えば仕事から帰ってきてパートナーと食事をしながら一日あったことを話す食卓。
学生同士のホームパーティーの部屋。
夏の BBQ のお共。
仲間とサッカーを観戦しながら。
週末に家族で大型スーパーに行って箱買いしてどの家庭の冷蔵庫にもある。
留学生の他愛もない悩み相談の傍らにあったり。
練習の後、一緒にご飯を作りながら飲んだり。

そんな時にはいつもその赤い缶は側にある。

ベルギー　ゲント王立音楽院～フィリップ・ブノワ

子供のころから憧れていた国、といえばイギリスとデンマークだった。でも大人になって、ヨーロッパに住んで、実際に訪れて憧れたところはベルギーのフランダース地方の街・ゲントだ。ブリュッセルまで30分強、ブルージュへも30分で行くことが出来る。

ブルージュのように観光ナイズされていないところが魅力の街だ。

イギリスに住んでいた時、ベルギーとイギリスは高速列車ユーロスターが走っていて、パリへ行くときだけでなく、ベルギーに行く際も利用してベネルクスを旅した。

ブリュッセル南駅に近づいて煤けたグレイッシュな街に大きなタンタン（TINTIN）の看板が見えてくるとブリュッセルに到着だ。

ブリュッセルに到着し、ブリュッセル王立音楽院や世界一美しい場所と称されるグランプラス、小便小僧を見て、王立美術館に立ち寄ったりした。

ブリュッセルの王立美術館はさすがフランドル画派のお膝下、ピーター・フリューゲルやフェルメールなど素晴らしいコレクションで、パリの有名な美術館も感動したけれど、この王立美術館は大きくて厳かなのに、どういうわけか静かな佇まいで今でも好きだ。

アントワープでネロとパトラッシュで有名なノートルダム寺院を見たりもしたけれど、今でも一番の記憶にあるのが、ゲントの街だ。

ゲント　Sint Peeters 駅からして、私のかなりのお気に入りになった。

駅から出て右手（北側）には森に囲まれた「ゲント美術館」があり、森の中にはあずまやがあり、この建物の感じ、光。初夏の光の中でなんとも美しかった。

イギリスのシンメトリーで豪華で厳かな建物も大好きだったけれど、この、フランス風でもドイツ風でもなく、中世の豪華というよりは瀟洒な感じになんとも惹かれた。

駅までの道沿いにはアールヌーボーな装飾が施してある建物や、モザイク模様の壁などの家、アパートメントが立ち並び、「ああ、こんな街にいつか住みたい」と何故かとても強く思った。

あのときうっとり建物を見上げていた自分の姿を今でも俯瞰で思い出す。


そんな私がなんと初めて訪れた約7年後にゲントに住み、ゲント王立音楽院で勉強する機会に恵まれた。

フルートの教授フィリップ・ブノワはもともとブルージュシンフォニーオーケストラのフルート奏者で、リンブルグ交響楽団が長らく首席奏者だった時もずっと彼がゲスト首席で演奏していた。ベルギーのゲント王立音楽院とオランダのマーストリヒト音楽大学の教授を務め、18世紀の音楽ばかりを演奏するオーケストラの指揮者でもあった。ここでもギタリストに縁があり、なんとマルクがピアソラ『タンゴの歴史』を一緒に初演したギタリスト、イヴ・ストルムスがギター科の教授をしていたので、始めはイヴの生徒と、そして後にイヴと日本のフランダースセンターで共演することとなった。つくづくギタリストと縁がある。


フィリップのレッスンはフラマン人（フランダース地方の人）らしく、フランス語圏のモンス王立音楽院のマルクとうってかわって（？）知的で、クールな先生だった。もうすっかり大人のいくつもの国、音楽院で勉強してきた私を尊重してくれていたと思う。

反面そういった意味では容赦もなく「なぜそういう風に吹こうと思ったの？それを僕にわかるように言葉にできたら、そう演奏してもいいよ」と言われることもあった。

フィリップに限らず、ヨーロピアンは「気分」で演奏するとかなり手厳しくなる。

クラシック音楽は今いきなり出来た音楽ではなく、奏者が現代に演奏するまでに中世・バロック・古典・・・と脈々と繋がってきた音楽だからそれを踏まえた演奏をしなければ、音楽に自然と求めている生理的な満足感が得られる音楽にはならないからだ。

西洋で西洋人の前で西洋音楽を演奏するとはそういうことだ。

ただ、こう書くととても厳しい人のようだが、逆に「お前、その曲はお前の考えで演奏していいよ。俺がなにか言う前の演奏のほうが上手かったから」とも言える人だった。

そんなことが言える先生は後にも先にも会っていない。


そんなフィリップはベネルクス、そしてヨーロッパ圏内では、たとえば隣接しているドイツはもちろん、夏になると南フランスやギリシャのマスタークラスに招聘されていて、もちろんある程度知られている存在だったけれど、どちらかというと知る人ぞ知る、名教授、の方だと思う。


なぜなら。

なぜなら彼は。

飛行機が怖かったからです・・・・！（奥様は魔女の口調で）

おそらく、飛行機に乗ることが出来たら、今までも留学生は後を絶たないのだし、各国に出向いて行ってマスタークラスをすることも出来ただろうに。しかしなんちゅう理由だ。この事実が発覚した時、目を合わせて変な間が空いた。

「・・・じゃあ、もし、いつか日本に来て演奏や公開レッスンをしてくださいね、て言われたらどうする？」

「・・・行く」

「どうやって？まさか船じゃないよね・・・」

「練習する」

どうやってーーーーーーーーー！！！！！！！？？？？？？？？？？？

怒られてどうするの？て訊かれてとりあえず「頑張る」って答える子供か！

なかなか渋い男前でいつもスポーツカーを乗り回していて（陸地は速く走りたいらしい）韓国人女子に人気があったフィリップもなかなか可愛いところがあった。

どうして私のベルギーでの先生はこんなにおかしな人たちだったのだろう。

どこの国でも音楽家はみな個性的だが・・・。

私はベルギーのゲントに住んで、まずゲント王立音楽院に入り、その後フィリップの勧めもあり、マーストリヒト音楽大学に入り直して大学院に進んだ。フィリップはマーストリヒト音楽大学の教授でもあったのだ。

もちろん入試をちゃんと受けたし、自分の先生だからと言って合否に関係はない。そこはかなりシビアだ。自分もアムステルダムの音楽院で勉強してはっきりとオランダの学校のシステムの方が性に合っていたし、当時、いつも留学生の中で問題だった、ヴィザの問題も、ちゃんと取得出来る、出来ないだけではなく、当時はオランダの音楽大学の学位のほうが、ベルギーより同じ「大学院」といっても格上だった。

おそらく今は比較的（特に）西欧の学校の学位の基準は同等に定められてきていると思われるが、当時は少しづつ国の定めた基準が世界基準ではなく国基準だったため、そういう事態に陥っていたのだ。

もちろん演奏能力には関係ない。ただただ、まだ各国の基準が揃ってなかっただけの話だ。しかしそこの基準が揃ってないと、その後に受験する際や、あまり音楽家にはない話だが、「大学院」の資格と記載されているのに、国によっては、この学校の大学院はうちの国の大学院に達していません、という事になるのだ。

同じ先生な上に、より学位の体制が整った、既にアムステルダムで証明済みの大好きなオランダのシステムの大学で学べるならその方が良いと、やはりマーストリヒト音楽大学で学位を取ることにした。

オランダ語の方言を話すフラマン人にとってはオランダの学校とベルギーの学校を掛け持ちしている先生も多かった。その証拠にベルギーとオランダの音楽大学の3大合同オーケストラというものもあって、私も演奏させてもらった。曲はマーラーの交響曲第4番で、オランダのティルブルグ音楽院、マーストリヒト音楽大学、ゲント王立音楽院の選抜オーケストラだ。もはや私はゲントからなのかマーストリヒトからなのか、だったが、各地で演奏できるのは楽しく貴重な体験で、それぐらい両国は協定している。

そうであっても、ゲントでの生活はやはり充実していた。

好きな街・ゲントで暮らし、好きなオランダの学校で勉強することは、日々ハードでも自分に正直に生きることが出来た。

ゲント王立音楽院には練習が出来る校舎がいくつかあって、時間帯と曜日、長い休暇中に使えるところ、と分けて毎日練習に通った。

本校舎は小さくて、競争率が高く、すぐにレッスン室もいっぱいになってしまうので、私はよく地元の音楽学校（音楽教室）Poel（プール）のレッスン室とBijloke（ベイローク）という昔シトー派の修道院だったところをゲント大学と音楽院が共同で使用していた学舎で練習していた。コンサートホールもあって、私もここでオーケストラの演奏をした。今この校舎はゲント現代美術館も併設されている。

ここは晴れた昼間に歩いていくと、なんと孔雀や鶏の親子が横断していて、練習へ向かう気持ちが和んだ。結局ベルギーを離れることになるまで、建物自体がとても美しく、天井が高く、窓はバラ窓のBijlokeとこのPoelのレッスン室で沢山練習させてもらった。

窓からオレンジの屋根の中世の街並みが見渡せて、練習の合間にサンドイッチやチョコレートを齧りながら眺めていた。

ゲントの街並み。通学やショッピング、毎日のようにここを歩いていました

ゲント・コーレンマルクト（広場）の聖ニコラス教会

ゲント・セント・ピータース駅構内

ミュージカル・『アマデウス』

ゲントに居た頃、ミュージカル『アマデウス』の仕事をいただいた。といっても、もちろん私が歌って踊るわけではない(誰もそんなことは思ってない)。オーケストラのほうだ。『アマデウス』といえば、オーストリアの作曲家・サリエリの視点を通してモーツアルトの生涯を語られる映画で、日本でも大変人気の映画だ。実はこの映画『アマデウス』の方で演奏しているのはマルクだった。

そのミュージカル版がベルギーのゲントとアントワープで2ヶ月間上演されることになり、オーケストラの一員として演奏することになった。それを知ってマルクも喜んでくれた。ミュージカルといっても、アマデウス＝モーツアルトを題材にしたストーリーなので、音楽は全編モーツアルトの曲だ。それゆえに、意外と音楽づくりは難しく、でもとても勉強になった。

各トップについている奏者はベルギーでも活躍しているベテランの奏者も沢山参加していたが、弦楽器の Tutti などは圧倒的にロシア系、ウクライナやベラルーシ人で、フルートも私ともう一人の奏者はベラルーシ人の男性だった。

もちろんここでも日本人は私一人。アジア人はもう一人ブリュッセルで学んでいるというベトナム人の青年がいた。

ベトナムはフランスの植民地だったので、おそらく読み書きのフランス語は出来るのだろう、だが会話は苦手そうだった。

そんな中でもベトナム語で「音楽」は「ニャシー」ということを知った。

ベトナム人で西洋のクラシック音楽を学ぶ人は後にも先にも彼しか会ったことがない。ロシア勢に囲まれて（バレーボールか！）がややがややっていたが、みんな親切で楽屋の雰囲気は良かった。

25番の交響曲や、レクイエムなど名曲揃いで、最後のアマデウスが亡くなる場面のレクイエムはもともとフルートが編成に入っていない曲で残念なのだが、妻のコンスタンツェ役の女優がアマデウスの名を呼んで泣き叫ぶ様子をオーケストラピットの中でレクイエムを聴きながらいつも涙ぐんでいた。

2ヶ月毎日公演があり、週末はマチネと夜の2回公演で、降り番もなかった。

まだゲント王立音楽院に在籍していたので、レッスンや授業、そして生徒のレッスンのブリュッセル通いでびっくりするほど忙しかった。

ただ、ゲントの劇場は当時住んでいた部屋まで歩いて通えたので、公演が終わったらいつも一人で劇場の前のなだらかな坂道を上がり、街の中心に立つ教会の横を抜け、マルクト（広場）を横切り、運河にかかる小さな橋を越えて、右手にお城、そしてそのすぐそばの眼鏡屋さんの小道を左に曲がり、石畳を踏みしめながら歩くと住んでいたアパートメントだった。

冬の寒い時期だったので半分凍てついたお堀の水面に月が映っていてきれいだった。

アントワープの公演のときはぼろぼろのいつ壊れるかわからない、ウクライナやベラルーシからそのまま乗ってきた車でゲントから一緒に乗せていってくれる共演者がいたり、パーカッション（打楽器）の女性が乗せて帰ってくれることもあった。

車の中で、「みんな、僕のこと、すごい上手だとか、すごいテクニックだって言うけど、国（ベラルーシ）に帰れば、僕より上手い人が沢山いるんだ」とか、ベラルーシにいるお父さんの仕事は人形劇の人形使い（！）という話をしてくれた。

パーカッションの女性はベリーショートに皮ジャンのパンキーなスタイルの子で、ふと同性愛者かな、という気もした。なんとなくだけれど。

夜の高速を走りながら、どうしてパーカッションを選んだの？と訊くと、「小さい頃から、なんでも回りにあるものを叩いていたの。洗濯の粉せっけんが入ったバケツをドラムに見立てたりしてね！」と話してくれた。彼女の実家にはきっとユーティリティ用の小屋があって、そこに洗濯用の粉せっけんがまとめてストックしてあったのだろう、と訪ねたことのない、彼女の実家のことを思い浮かべた。まだ小さい彼女と。乗せてくれてありがとう、と言うと、「大きい車に乗るのは打楽器奏者の宿命だから！」と笑って帰っていった。

このベラルーシ人の青年は、ゲントの王立音楽院で同門でもあったが、ある日忽然と姿を消した。

事情通の（どこにでもこういう子はいるものだ）ベルギー人の女の子が言うには、カナダで永住権が取ることが出来て、すぐに学校を止めてカナダへ行ってしまったらしい。残っている授業も試験も放棄して。

彼女の情報によると、彼が最後に受けた室内楽の試験も全然ちゃんと吹けていなくて、やる気のない感じだった、今まで上手い上手いって言われてたのに、ということらしい。

ここを出ていくことがわかったからいいかげんな演奏をする、ということに関しては私もびっくりしたが、反面、旧東欧出身の彼らにとっては、一般的にいわれている音楽家として食べていくのは難しい、とは全然ちがう意味の、生きるの死ぬのの問題なのだ。

そして彼らはきっと永住権の取れる国の許可をずっと待っていた。自分の〝運とタイミング〟に賭けて。

既にチェコに住んでいた経験のあった私は、そういうことか、と思った。

今、あの青年がカナダで安全に、幸せにフルートを演奏出来ていれば、と思う。

ともあれ、公演が終わって劇場から出てくると、着飾ったご婦人がご夫婦や友人などと、笑いさざめきながら、アマデウスの広告塔の灯りの前で、トラムやタクシーを待っている様子を見るのは、幸せで温かい気持ちになった。

世界のビール小話～ベルギー編 トラピスト・ビール～

トラピストビールは、シトー派修道院で修道士によって製造されたビールのことで、アルコール度数が大体７～10%と高めで、香薬草を使った、厳格な製法の基に作られる。寒い冬修道士の栄養源でもあった。


日本でもポピュラーなトラピスト・ビールといったらシメイだ。

白、赤、青とある。

ここで、ビールを使ったポピュラーなメニューをご紹介。

カルボナード・フラマン／仔牛のビール煮
ビールで作るビーフシチューだ。

ビールの炭酸で肉も柔らかくなり、ワインで作るより甘味がある。

苦みが強い日本の黒ビールよりはベルギーのブラウンエールなどのほうがより甘みが出てそれらしくなる。

ベルギーではどんなブラッスリーでも学食でもある、定番メニューだ。

付け合わせはベルギー人のソウル・フード山盛りのフリッツ（ポテトフライ）。

作った時に余ったビールを一緒に飲むのもなお楽しい。

修道士の造る栄養の源を召し上がれ。

マーストリヒト音楽大学

マース川という大きな、本当に大きな川に大きな橋がかかり、そこを越えると可愛らしいショッピングストリートになる。さらに進むとマルクト（広場）があり、左手に進むとマーストリヒトの音楽大学があった。私はこのマース川を越える大きな大きな橋の真ん中に立つと、なんとも言えない解放感を感じていた。

学生時代の社会科の授業でマーストリヒト条約というものを教わったと思うが、あのマーストリヒトだ。

ベルギーのリエージュ駅で乗り換え、マーストリヒト駅まで通う生活が2年続いた。リエージュはリエージュワッフルで有名な都市で、日本でも有名なあのマネケンのワッフルは実はリエージュ・スタイルで、ブリュッセルのワッフルはもっとふわっとしていて、基本の粉糖をかけたワッフルのほか、フルーツやチョコレートソースがかかっている。

そのリエージュ駅でオランダ行きの列車に乗り換えてマーストリヒトへ。

ご存知、オランダは麻薬が合法の国だ。そしてベルギーは合法ではない。しかしベルギーとオランダはこのように陸続きだ。

さて何が起こるか？

毎度国境を越える際に検閲（パスポートコントロール）が入るのだ。なぜなら不法滞在者や麻薬の売人を取り締まるため。

実際にベルギーからオランダを越える手前で売人が急に電車を飛び降りて、警官がそれを追いかける、という捕り物劇が繰り広げられることもあって、私はいつも驚きながらも、マルクに教わった、ピアソラ『タンゴの歴史』の1曲目ボルデルの〝売春婦が警官の摘発の笛に蜘蛛の子を散らして逃げるさま〟を思い浮かべた。

御存知の通り、ベルギーもオランダもEUに加盟しておりシェンゲン条約を結んでいるので、本質的にはパスポートは必要ないのだが、外国人はやはりヴィザの問題もあり、もし学校のIDを携帯していなければ持っていた方が無難である。

私も学校のIDを持っていたので大抵の場合は大丈夫だったが、やはりうるさいタイプの警官に捕まるとパスポートを持っていないと説明がややこしく面倒な思いをしばしばした。

そんな様々な事件を毎回乗り越えて無事に駅まで到着すると、(バスの場合はマルクト広場に到着)マース川を越えるとショッピングストリートに続き、白い建物が並ぶ。

マーストリヒトはベルギーのリエージュと隣接していることもあり、オランダでは唯一美食の街、と言われている。ベルギーのフランス料理に、植民地だった関係もあり、インドネシア料理も食べることが出来る。なんと学食にはナシゴレン(インドネシア風焼き飯)があった。

また、オランダ料理は余り知られていないが、食パンの発祥地で、ゴーダチーズやエダムチーズなどの酪農品も美味しい。そして青豆を使ったエルデン・スープ、ジャガイモやニンジンをつぶしたものに大きなソーセージがのったヒュッツポットなど比較的健康志向な食べ物も多い。オランダ名物はニシンの酢漬けだけではない。私はゲントからリエージュまでの電車の中で、自分が作ったお弁当を食べたりもしていたが、冬の寒い日にマーストリヒトに着いたら街中のお店でエルデン・スープとパンを食べてからレッスンに行くのが好きだった。熱いスープで時折舌を火傷して、しまった、と思いながら。

マーストリヒト音楽大学の隣には自然史博物館があり、大学の窓からは博物館の庭で養蜂しているのが見え、美しい庭にミツバチが飛ぶ様子はのどかで美しかった。

大学院の授業は充実しており、マーストリヒトはドリーランデンプント（3か国の点）というオランダ、ベルギー、ドイツの国境地点にあることもあって、それら3国から学生は通っていて、もうプロのオーケストラに入っているホルンの学生がいたり、国際コンクールの覇者などもいて、個々のレベルが高く、国際色豊かでとても刺激的な大学だった。

今から考えると、私の長い長い留学生活も終盤になっていたが、実はこの頃が一番〝充実した学生生活〟を送っていたように思える。

私がイタリアの国際コンクールで優勝したのもこの頃だ。

マーストリヒト音楽大学での試験

第二課程（大学院）修了の為の試験

本試験に至るまでに大学院1年目の最後にEind resital（ファイナル・リサイタル）というリサイタルが一度あり、そこで合格できると大学院2年目に進める。2年目は1次試験があり、その評価によって2次試験に進めるかどうかが決まる。大学院1年目も2年目の1次、2次試験も、どちらもリサイタル形式で、数週間前に順番が貼り出され、試験とはいえ一般公開である。1年目、1次試験だからといって時間が短いとか、同じ曲を転用できるとかは、ない。全て1時間のプログラムで、最終修了試験までのプログラムは全曲組み直しだ。それも含めて演奏家としての能力をみるリサイタルだ。ヨーロッパの音楽大学が入るより、出る方が難しいと言われる所以だろう。

大学院1年目試験～Eind Resital～

1時間のプログラムでリサイタル形式なので、一般の方も聴いていただける。ちょっと顎関節症ぎみになってたので別の意味での緊張感があり、もうへとへとだった。フルート科の教授陣、学長、外部からの審査員に見守られるなか、無事試験を終え、試験後、審査のために学長室に消えた審査員たちを待った。

この間が一番緊張する時間だ。その間、聞きに来てくださった見知らぬご婦人に紅茶をご馳走してもらっていると、校長先生みずから呼びにきてくださり、審査室にて結果報告をしていただいた。結果は合格だった。

とっても良いポイントをいただき、もちろん今後の課題も話しあい、全員と握手をした。こういうところがヨーロッパって良いな、と思う。上下関係はあっても〝垣根〟はない。そしてマーストリヒト音楽大学の学長は、課題があれば、どう向き合っていくか、を一緒に考えてくださる方だった。

来年は2リサイタル！ファイナルコンサート！気を抜かずがんばるぞ、と強く思った。

第二課程（大学院）修了の為の1次試験

結果は上々で、幸い審査員の方々の評価も良かったが、風邪を引いてしまって、なんだか違う部分でストレスを感じていた。

当日だけは風邪薬を服用せず（これはかなりのどが渇くので危険）、指先に正しく神経が行き届くことだけ考えて挑んだ。

体調のせいか、前日、久しぶりにいやな緊張を感じたが、当日の大学へ向かう電車のなかで、すこん、と、〝とりあえず、楽しもう。吹きたいように吹こう〟と思い、舞台にあがってからも、耳に届く音色が湊のかみすぎで違うように聴こえ、不快ではあったものの、その時も、〝そういったことにとらわれず、それはそれとして、音楽に入り込もう〟と思え、終演することができた。

イギリスでの恩師・クリフォードが、「音楽のことだけ考えてれば、緊張をしている間（ま）は本当はないはず」と言っていた。至極、名言だし、今も心からそう思う。

譜めくりをしてくれた同じ門下の韓国人の男子生徒が終演後、「良い演奏だったよ」と言ってくれたのが嬉しかった。あまり話したこともなく、私の演奏に興味ないかな？と思っていたから。お互いに頑張ったあと同士の素直な労いの言葉ほど心に響いた。

反省点はもちろんあり、終わった直後だからこそ、強化するポイントが明確となる。本試験の2次試験に向けて、体調管理をして、でも休みすぎず、ふたたび自己鍛錬の日々と誓った。

プリンセス　クリスティアーナ　コンクール

在学中にプリンセス　クリスティアーナ　コンクールという15歳くらいまでの若者を対象にしたフルートコンクールがマーストリヒト音楽大学で開催された。

オランダ王室クリスティアーナ王女の名前を冠したコンクールで、日本でいうと、中学生くらいの、ブロンドの髪をボブカットにしたフルートを吹く女の子のポスターがなんとも可愛いらしかった。

そのコンクールの前後は、その年の入試を前に、教授陣のレッスンを受けに来ている子たちもいた。

その中に、14歳の、天才少女みたいな子がいたようで、教授陣、色めきたっていた。“YOUNG TALENT〃（文字通り、若い才能のある子の特別養成コース）に入るのだろうか。何にせよ、この時期教授陣にお墨付きをもらうのは親にとっても子供にとっても励みになることだろう。そして指導者側も教え甲斐のある、若い才能を育てるのは愉しいものだ。

「いかがなもんでしょう?」という感じだろうか。

わたしのレッスンも聞きに来ている子がいた。

扉の外や、キャフェテリアで、心配そうに待っているご両親もいた。私の両親もああやって、色んな場所で待ってくれていた。

私のレッスンを聴いていた一人のお母さんが、「うちの子もあなたみたいになれるのかしら？　遠い道のりね・・・」と。

「そんなことないですよ。良い指導者に忠実にやれば、絶対に上達しますよ」と、答えたが、それは事実だ。

自戒もこめて書くが、「これくらいだいじょうぶ」と思って自分のやりたいように過信して演奏すると、たいてい上手くいかない。また、指導者である先生は全てわかって順序だって指示を出しているのに生徒や親の勝手な判断で進めるとかなり学びの妨げになる。もしくは正しい演奏能力を得るのに結局遠回りすることになる。

大事なことは、良い指導者のいう事をどんな些末なことも馬鹿にせず、素直に取り組むことで、それが一番上達は早い。

それを達成するにあたって、ヒントとなる導き方をしてくれるレッスン、指導者のもとで示してもらった音楽へのガイド（案内）を自分なりにわからないながらも咀嚼して、トライし続けることが重要だ。

だから、正しい情報を得ようと思うと「本物」の側で研鑽を積むことが大事になる。

究極のところ、留学というのはそこが目的だ。

たとえ、自国から離れなくても、良い指導者のことを素直に良く聞いて「本物の情報」

を得ながらこつこつと積み上げていけば必ず上達する。

また、ヨーロッパでは大きすぎないが「音楽を大事に」しているこれぐらいの年の子供たちを対象にしたコンクールが多すぎない程度にいくつかあった。

私がこの10代半ばまでの子供たちのコンクールで好きだったことは、決して派手で指を速く回したりウルトラC満載の曲を課題曲、または受験曲に指定しておらず、参考曲目を見ても、その年頃と技術に見合った曲になっていて、実際受験している生徒たちも、有名無名にかかわらず、無理のない楽曲を選んで演奏していた。

私もこの年頃の生徒たちを日本でもコンクールのためのレッスンをするが、自由曲の場合、会場に行って大抵その子の実力以上の曲を選択していていて聞いていて大変なことになっている。

音大生で、自分で選曲しなさいと先生に言われて今の自分に合ってない曲を演奏してうまくいかなくても、それも含めて勉強だから、それはそれで良い。

ただ、ローティーン~ミドルティーンの子供の生徒にコンクールを勧めるのなら、今のその年頃の生徒に合った、尚且つコンクールの主旨に合った曲を選曲してあげるのは指導者の務めだろう。

ではなぜ、吹きこなせない曲を生徒に演奏させているのか?

指導者自身のレパートリーが狭いからだ。

ヨーロッパの場合、この作曲家、こんな曲も書いていたんだ、という、有名ではないかもしれないけれど、なんともセンスの良い、その子の個性に合った曲が選ばれていて、もちろん「本番ならではの緊張」はあっても、吹きこなせない曲を選んで舞台で素面になってぼろぼろになる、というのはみたことがない。一生懸命、先生と頑張ってきた曲を大切そうに演奏する姿はやはり純粋に微笑ましく、そして何より一番大事な「音楽」を大事にしている。

私自身は、元来のヲタクっぷり・・・もとい、探究心が功をそうして、留学仲間の「有佳里ちゃんって変わったプログラムいっぱい知ってるよね」と褒められてるのかけなされているのかわからない性質が今では生徒のための選曲に役に立っていると思う。

ちなみにその選曲で生徒が悪い結果になったことは今のところ、ない。

そんなマーストリヒトでの学生生活も終盤に近づき、ファイナルリサイタル・卒業試験を迎える。

マーストリヒト　ファイナル・リサイタル　最終修了試験（2次）

～モニターで見えた審査の様子～

5月27日、13時より、マーストリヒト音楽大学　第二課程（大学院）の修了コンサートを学内のコンサートホール Matty Niel Zaal　にて無事終えることができた。

プログラムを見るなり、〝ユカリ、大演奏者のプログラムだね〟と教授の一人に言われてドキリ。

そう、私だけではないとは言え、この最後の Exam Concert は学生にとっての集大成といえる、重大な意味をこめたそして修了をかけた演奏会だ。〝リサイタル〟と名がついているものの、違う楽器の教授やゲスト審査員も入る、公平かつ、厳格な試験である。

この試験ばかりはその近年にないほど緊張した。

長い練習時間の連続の日々で、とにかく体も頭もすでに疲労しているし、1曲25分を越えるソナタを含む1時間のプログラムは大曲揃いで、練習時ですでに、唇はかなりの疲労状態。人によっては演奏後思うようにしゃべれない、という学生もいた。それぐらいみんな本気なのだ。

最近の傾向として、アゴや唇、そのまわりの疲労が自分なりの反省点となっていたので、練習時間の配分や、スケジュールの調整に気を使ったつもりだったが、やはり、試験前はいろいろと心配になり、思っているよりも長時間練習してしまっていた。

試験前のあまりの唇の疲労に焦った私は思い余って、思い余って・・・なんと口のまわりにバンテリンを塗った。

皆さん、バンテリンを口のまわりに塗ったことありますか?

飛び上がるくらい痛い。涙が出てくるくらい痛い。本当に飛び上がって泣いた。痛すぎて。もちろん私だって使用法の注意で目のまわりと口のまわりは塗ってはいけないことは知っていた。でもそのくらい思いつめていたのだ。(良い子は絶対真似しないように)

しかし、もう何をおいても今日はやり遂げなくてはいけない。

「とにかく音楽に集中すること」

それだけを強く自分に言い聞かせ、伴奏者のエルウィンと本番前の最終リハーサルをすこしだけやり、あの薄ら寒いベネルクスで、なぜかこの日に限って妙に蒸し暑い日、湿気た小ホールで最後の試験に挑んだ。

吹き始めるまではかなりの緊張だった。

審査員陣がぞろぞろ会場に入ってきて、ここがヨーロッパらしいところだが、皆笑顔でうなずいたのを合図に演奏をはじめた。

この時分くらいからの私個人の傾向として、緊張していても、いざ吹き始めて自分の音を聞くと、安心するようになっていて、今回も吹き始めると、集中できた。

不思議に思われるかもしれないが、〝自分の音〟は、フルートを始めたころから、いちばん側にいてくれる存在だからだと思う。

しかし曲が進むにつれ、大曲になり、緊張度も増し、大きなハプニングには至らなかったものの、自分の中の反省点はあり、緊張している反面、演奏しながら冷静に鍛えなければいけないポイントを思い知らされた。

当時の私の場合、大きな失敗はあまりないのだが、それゆえに、〝演奏そのもの〟が受け入れられるか、受け入れられないか、が大きなジャッジポイントとなり、〝何が〟だめではなく、演奏の解釈や表現力で審査員のジャッジが分かれることがほとんどで、それはもう、要因が〝自分自身〟となるので、結果がでるまでは本当に生きた心地がしなかった。

ただ、演奏を始める前も、結果を待つ間も、ひとつだけ思ったこと。

〝家族や、教授の方々、そして今まで出会ったすべての人に感謝して〟と。

審査室のドアを開けて「Please Come In, Yukari. お入りなさい」と言ってくれたフィリップの笑顔と、「Congraturation! おめでとう！　合格ですよ」と握手してくださった全審査員の温かい手が忘れられない。

結果、合格判定をいただいたが、その審査中、別部屋で待っている間のなんと緊張することか。なぜならこのときのマーストリヒト音楽大学修了試験の審査員のジャッジをする様子は音声は聴こえないものの、モニターで映されていたのだ。

課題はたくさんあるし、私は器用な演奏者ではないと思っているから、人の三倍やって丁度いいと、いつも思っていた。とはいえ、マーストリヒトで学んでいる間に自分の方向性が明確になり、自分にとって大きな成長の場になった。

留学前、茶道の先生が〝芸事には終わりが無く、難しいからこそ私達は止めないで追い求めていくのでしょうね〟と仰った言葉が忘れられない。

きっとこれからも解釈の違いや失敗で受け入れられなかったり、立ち直れないこともあるのだろう。でも、私はフルートというものに出会ったことによって、苦しいことやつらいことから学び、人と共感するよろこび、美しいものや楽しいものに触れて感動する、という人生を得られたことを、心から感謝し、幸せに思った。

ピッコロのオーケストラ・スタディ

前後するが、最終修了試験の1週間後の6月13日、オーケストラ・スタディ（オケスタ）の試験が終わった。

これで本当に最後の試験。論文も提出した。

最終年度は私はピッコロのみで受けても良いとのことで、オケスタに関しては私はそのほうが好きなので、割とのびのび演奏できた。

何せ、マーストリヒトに来るまで、どこの国の音楽院でもオケスタのクラスと試験はもちろん必ずあり、毎回、毎回、毎回、同じような、レパートリー、たとえば、ダフニスとクロエ、ブラームス　交響曲4番、1番、メンデルスゾーン　真夏の夜の夢・・・を演奏することになり、毎回同じなら楽じゃないか、と言われそうだが、オーケストラの団員に入りたいという意志もなく、また、そのくせオケスタ、というのはめちゃくちゃ難しいのだ。全体像を分かって演奏している人と、そうでない人が譜面上だけなぞらえて演奏するのとは、各段に差がつく。その上、国が違うとその分、解釈が「増える」。変わるじゃなくて、増えるのだ。

なので、この大学に来て、ピッコロでのオケスタで受けても良いよ、と言われた時は嬉しかった。

指定されたいくつかのピッコロのエグザープト（オーケストラ曲の重要パート）を演奏した。

あの有名なベートーベン第9番第4楽章のトルコ　マーチではパーカッションのパートを歌ってくれた両教授、フルートのフィリップ、ピッコロのピーターが試験官にも関わらず一緒に歌ってくれた。ウイットのある教授で良かった。

マーストリヒトでの最後の試験はいつものレッスン室、２１１号室だった。

全ての試験が終わって、ピッコロの先生だった、ピーター・ライクスが声をかけて来てくれた。

「君は、いつかピッコロだけでリサイタルができる人になるよ。フルートが上手な人は沢山いる。だけど、ピッコロが上手な人はまだまだ少ない。ピッコロが得意なことを誇りに思いなさい」

今までは、ピッコロが得意なのね、と言われると、フルートはそうでもないと言われているように（ただの疑心暗鬼です）感じていたが、この時は素直にいただいた言葉を光栄に思った。

マーストリヒト　ディプロマ　授与式

約1か月後の7月4日　マーストリヒト音楽大学の Willem Hijstek zaal にて　ディプロマ（オランダ国家演奏家資格）　授与式が行われた。

日本のいわゆる卒業式のような、堅苦しいものではないが、学長やクラシック科、ジャズ科、教育音楽科の各主任教授の送辞、各学科の代表のスピーチや演奏があり、最後に Diploma を授与されるという式だった。

式の始まるまではレセプションで珈琲やケーキがふるまわれ、開会を知らせるベルと共に一同会場へ。

学長の心のこもったご挨拶と、ウイットに富んだやりとり、ドイツの文学者、ヘルマン・ヘッセの文章を引用した、素敵な送辞、そして全員の先生方がオランダ語、英語を同時通訳の様にお話になり、オランダならでは、の知的で、明るい式だった。

クラシック科総代がイザイの無伴奏ソナタを演奏。
黒いTシャツ姿にくるくるのブロンドヘア。
素晴らしかった。

この演奏の素晴らしさで、涙が出た。

優秀な演奏者からは、どんな楽器からでも、インスピレーションを得ることが出来る。同じ時に同じ場所にこんなに素晴らしい演奏をする人がいる、と素直な気持ちで自然と拍手を送った。

日本の卒業式のような泣かせの部分はない。しかし音で心を動かされて涙が出る、それが人間の本質的な部分の、本当の「感動」ではないか？

演奏の後は学長の送辞、そして、証書を一人ひとり握手と温かい言葉つきで学長から受け取る。

音楽、芸術の世界は特殊だと思うが、学校に在籍しながら、すでにオーケストラに在籍したり、コンクールで優勝、入賞したり、CDをリリースしていたり、音楽学校で教えていたり、ソロ、室内楽でプロデビューしている人がいる。

音楽、芸術の世界は果てがなく、それはつまり、学校に在籍していても、いなくても、卒業していても、いなくても、一生勉強だ。

学長も、ここの多くの生徒がすでにプロフェッショナルとして活躍していることを誇りに思う、と言っていた。

〝ここで終わり〟というものがないのが音楽で、時代や国や奏法の違いを追及し続けていくもので、〝ここで終わり〟と納得してしまったら、きっとその奏者の成長はそこで終わってしまう。

式のあとはシャンパンが振舞われ、学内あげてのお祝いムードに。

知っている、知らないは関係なく、学生同士も教授同士もオフィサーも学食のおばさんもみんなグラスを合わせながら、このマーストリヒト音楽大学で、オランダで、学べたことを幸せに思った。


ヨーロッパの学校や仕事は9月に始まり6月に終わる。

いつも6月になると、賑やかに過ごしていたヨーロッパの仲間が帰国やヴァカンスでいなくなり、遠いアジアから来た人々だけがぽつん、と夏の間、残される。

仲良くしてくれたあの子も。

色んな事を教えてくれたあの人も。

いつも親切にしてくれるあの人達も。

もっと大切な次の大事な場所へ。


みんな行ってしまう。

そう思いながら
イギリスのバスの窓から見上げた坂道の夕暮れ。
北欧のいつまでも暮れない白夜の夕暮れ。
チェコのトラムを待つ間の少し途方に暮れた夕暮れ。

初夏のヨーロッパの薄暮から夕暮れに変わる時間の空の色合いは、まるで架空のアリアの旋律が夕暮れの空気の中に微かに溶けていくような、なんとも表現しがたい気持ちになった。

そして私も、6月にカリキュラムの全てを終え、約1ヶ月後に修了式も済ませた後は、もう学生としてマーストリヒトに来る事はないのだと、寂しさと安堵が入り混じった気持ちで、マース川にかかる大きな橋の上で見渡した夕暮れ。

私の長い長い留学生活の、フルート専攻生としての生活が終わった。

ベルギーの生徒たち

私のベルギー・オランダ生活でもうひとつとても大切なかけがえのない思い出がある。生徒達との日々だ。

主に日本人駐在員の家庭の子供たちが中心だ。

殆どの生徒がブリュッセル日本人学校に通っていた。

また、日本人学校は大抵、高校はないので、中学後半になると、インターナショナルスクールに通う子も出て来る。

小学生~中学生の生徒を中心に、兄弟・姉妹、時には親子で習う生徒もいた。

年に数回、ソロとアンサンブル中心の発表会をHanlet（アンレ）というピアノサロンの小さなホールを借りてしていた。数回、というのは、基本的な発表会に加えて、皆駐在員家庭なので、やはりいつかは帰国する日がやってくる。

帰国する生徒の送別会も兼ねた発表会だったので、結局半年に1回くらいはすることになった。

どの子も素直で可愛らしく、ピアノを海外で購入するよりもフルートはやはりポータブルだったので割と皆さん入門してくださり、また、娯楽が少ないので練習も熱心だったから、楽器を持つところから始める生徒が殆どだったにもかかわらず、割と人前で演奏できるところまで上達するのも早かった。

親子や兄弟・姉妹でのフルートばかりでなく、お母さんのヴァイオリンと、お父さんのギターと一緒に演奏してくれる生徒、またお友達のピアノ伴奏やハープ伴奏で演奏してくれたり、なかなか楽しい、それこそ欧米的な楽器を演奏する人がめいめい楽しめる集い、になっていたと思う。

レッスンは出張レッスンで各家庭に私がお邪魔してレッスンするスタイルだったので、生徒の家族とも家族ぐるみのお付き合いになった。

生徒が帰国する際は号泣してしまい、泣きながら演奏するのは窒息しそうになることもわかった。自分がベルギーから離れる際も最後の発表会をしたが、いつもレッスンでは一番安定して演奏できるのに、発表会ではガタガタに緊張してしまう9歳から教えた生徒が、最後の発表会に初めて、ボロボロにならず、素敵な演奏をしてくれた。

「最後の発表会だから今日は絶対緊張に負けずに演奏する、って決意して演奏したの？」

と聴くと、ぼろぼろ泣いて、うん、と頷いた。

自分が旅立つことに関しては全然涙が出ない私だったが、その子のありったけの力を振り絞って演奏してくれた音、そしてあの綺麗な涙のことは忘れられない。

この発表会が、実質私がベルギー・オランダから離れる前の最後のイヴェントとなった。


イギリスからベルギーに旅をして「こんな街に住んでみたい」と思った憧れの街・ゲントにまさか約7年後に住めるとは思わなかった。イギリスから訪ねて来た時美しいと思ったエリアは忙しくとうとう再訪できずにいたが、マーストリヒトへバスで行く場合はここを通って行ったので、いつもバスの車窓からじっと見つめて目に焼き付けていた。そして最後のイギリスに移るまで住んだ。

思った通りの美しい街で、いつかまた住むことが出来るのならゲント、と思う。

―ゲント幻想、かな。

第六章　イタリアの国際コンクール

イタリアでのコンクール〜ナポリ編〜

私自身もマーストリヒト音楽大学在学中に2つの国際コンクールをイタリアで受けた。自分の解釈した音楽・演奏を、自分を知らない人にどう評価されるのかが興味があった。私がイタリアで受けたコンクールは2つとも、申し込み用紙に、審査員と知り合いでないかを確かめる欄があった。

審査員との癒着を避けるためだ。

私はその公平さに清々しさを感じた。

イタリアに住んでいなかったのに、イタリアでコンクール?と日本で不思議そうな顔をされることがあるが、ヨーロッパは陸続きだし、例えば京都に住んでいても東京のコンクールを受けに行ったり、もちろん、海外の「国際」コンクールを受けることは最早、珍しいことではないのに、私の方が不思議に思う。

日本人にとってはまだまだヨーロッパが陸続きの印象が薄いのだろうか。

ナポリで行われた国際コンクールを受けたのは2月で、初めての南イタリアで、ナポリは治安が悪い、とか、中央駅や空港のタクシーは危ない、と聞いてはいて、ずっと北ヨーロッパに住んでいた私は一応ドキドキはしたが、到着してみると確かに空港の周りにはアフリカからの移民らしき人々はまばらにいたが、そこまで怖い印象もなく、到着したのが夕暮れだったため、電車やバスの連絡も悪いし、タクシーを使った。

近寄って来たタクシー運転手は別段、悪い印象もなく、「バコリまで」と告げると頷いて出発した。山に沿ってうねった道を行きながら、窓の外を見ると、標識に「ソレント」と書いてあり、思わず『帰れソレントへ』を口ずさんだら、運転手が驚いて「ソ、ソレントへ行きたいのか⁉」と振り返ってきた。「ううん。違うよ。バコリへ行って。ていうか、前向いて・・・！」と紛らわしい歌をうたって申し訳ない反面、ちょっと可笑しくなって、昔、父がイタリア出張の際に買ってきてくれた、『帰れソレントへ』を奏でるリュートの形のオルゴールを思い浮かべながら、ちょっと緩んだ。

無事に会場に隣接したホテルに到着し、中途半端な時間でホテルのレストランは空いてなかったから、荷物を置いて、でも楽器は絶対肌身離さず、歩いて近くに一軒だけみつけたリストランテに行った。シーズンオフの海際の街のリストランテは私以外に客はおらず、南ヨーロッパ特有の店内に流れている有線ラジオのちゃかちゃかした音を追っていると、明日のコンクールの告知宣伝がところどころに入るのが聞き取れた。

頑張らなくては。

平打ちの、フンギ（キノコ）のパスタを頼んだ。ワインも飲みたかったが明日のことを考えて我慢。

注文を待っていたら、ちらほらお客さんも入ってきて、店内も華やいできた。窓際の席の人たちはなんとなくバースデーっぽい様子。

嬉しそうな顔を見ながら、運ばれてきたパスタを食べると、

「おおおおおおいしいいいいいいいいい・・・・！」

以前、イタリアンのシェフになぜイタリアンなのか、と訊ねたら、「〃勢い〃がいるんですよ、イタリアンや中華って。フレンチのような、濾して濾して、という感じじゃなく」と返ってきたことがある。

その意味があのパスタの味を思い出すと、わかる。

味に「迫力」があるのだ。

日本で、「日本風」になった、しゃんなりしたイタリアンも美味しいが、この、ナポリの片隅で食べたパスタの味と衝撃は忘れられない。

よく、海外生活が長いと、ヨーロッパで良いものを食べてきたんでしょう的なニュアンスで言われることがあるが、私にとって、もし、「本当に美味しいものとの違い」を言えば、こういう時に食べたこういう食べ物だ。ナントカレストランのナントカという料理ではなく。

翌日のコンクール当日は朝食のカフェテリアに行くと、クリスマスの名残か、パネトーネを切ったものが置いてあって、今が年を越えた2月であることを思い出させ、また、日本にいるとき、父のイタリア人のビジネスフレンドがクリスマス近くになると、青い大きな箱いっぱいにイタリアの名産物が入ったものを送ってくれて、その中にパネトーネも

入っていたと思い出した。

さて、肝心のコンクールだが、実はあまり記憶にない。

例えば、エネスコとかヒンデミットとか、その他の作曲家を組み合わせて演奏したことか、公式伴奏者のマリオの伴奏があまりに酷かったこととか、イタリア人の参戦者が自前のピアニストを連れてきているのにもかかわらず間違えるとすごい顔をして睨んでいたことか、聞いてくれている審査員たちの雰囲気は良かったとかは記憶にあるのだが、大きなミスをしたわけでもないが、自分の演奏にびっくりするほど納得がいかなかった私は、「ナポリまで来て、私は何をしてるんだ。こんな演奏しか出来ないのに私はフルートを続けていていいんだろうか」と果てしなく落ち込み、自分の部屋に戻って、結果発表なんて、とかなり絶望的な気分で布団を被って自分の存在を無かったことにしていたら。

ドンドンドン

部屋をノックする音が聞こえる。

知りあいがいるわけではないので無視を決め込んだ。

ドンドンドン

しつこいなあ。絶対開けないよ。

ドンドンドン

「ユカリ？ いないの？ 結果発表なんだけど」

ドンドンドン

だから行きたくないんだってば。
ドンドンドン
「来てくれないと困るのよ~。だってあなたが優勝したのよ!!!」

えええええ~~~~~~!!!!!


がばり、とベッドから起き上がる。

早く言え。

いや、勝手に拗ねていたのは私です・・・かたじけない。


私のせいで結果発表・入賞式が押してしまい(本当にすみません・・・)

完全に放心状態で入賞式に出席すると、本当に優勝していて、この時はドイツ在住のブラジル人のダイアナと1位を分け合った。

ダイアナの演奏は私も聴いていて知的で上品な演奏だったので、素直に嬉しかった。

二人で顔を見合わせて笑った。

ちなみにダイアナも今ではピッコロ吹きになっていて、運命というのは面白いものだ。

入賞者発表の後、主催者が私達をディナー・パーティーに連れて行ってくれた。

ダイアナと分かれて車に乗り、すっかり夜も更けて、疲労と安堵とやはり放心と、よくわからない感情のまま、どこに連れて行かれるのか、身を任せた。

窓の外は真っ暗で、ときおりぽつっとオレンジの木が見えるだけだった。

着いた場所が、本当に地元の人しかわからないような、山奥にぽつんとあるなんともいえない建物だった。混乱と暗闇でお店の名前もわからない。

入ってみると、レストランというより、食堂？集会所？のようなところに主催者やスポンサー、そして審査員の先生方がいて、机の上には料理が沢山用意してある。

私とダイアナは、審査員でありナポリ音楽院のフルート科教授だった、リッカルディ先生と、パスカル先生の前の席を用意されていて、イタリア語が話せない私に、英語とフランス語を交ぜながら自分の演奏について色々講評してくれた。

運ばれてきた料理はどれも美味しく、生ハム、モッツアレラチーズ、マスカットのように美しいグリーンのオリーブ、魚介のフリッタータにパスタ、そして1mのピザ!!

もちろん、イタリアンワインも今回は気兼ねなく飲んだ。宴もたけなわ、ホテルに送ってくれるというので外に出た。

真っ暗な中、看板を見上げるとなんと「パネッテリア」＝パン製作所、と書いてあった。これは確かに地元の人しかわからない食事処だ。

そんなこんなで本番の演奏の記憶よりも、結果発表の珍体験（自分のせいです。はい）の方が強烈すぎた、私のナポリでのコンクールだが、貴重な経験をさせて頂いた。

ベルギーに帰って来て、ゲント王立音楽院のフィリップにコンクールの報告をすると、「おめでとう！一位を享受しなさい！」という返事が帰って来て、一人くすっと笑ったが、次は心から納得する1位を獲りたい、と強く思った。

月に照らされてフランドル伯居城の影が出来た部屋で。


そして、嬉しいことに、優勝のご褒美として翌年の夏、リッカルディ先生がローマ郊外のティボリで主催されているマスタークラスにご招待していただいた。

少しオールドファッションではあったが、バッハのパルティータの丁寧なレッスンをしてくださり、その時、イギリスやオランダで受けていたバッハの奏法ではなく、パユやラルデのようなフランス系のフルート奏者が演奏する発音やスタイルを垣間見ることができ、嬉しかった。

マスタークラスは、フルートとピアノのコースで、ナポリ音楽院からアヴェルナ先生というピアニストも来ていて、殆どがナポリ近郊のフルートとピアノのイタリア人だったが、もともとはオペラ歌手でピアノをアヴェルナ先生に師事している日本人のユミさんと、ギリシャ人のピアニストの女の子、と私が外国人だった。

また、リッカルディ先生のフルート奏者の娘さん、ピアニストの息子さん、も参加していて、ファミリアなクラスだった。

そして。

なんと、あのコンクールでの準備不足の公式伴奏者マリオまでいるじゃありませんか！

なんだか遠くでもじもじしているので、通訳してもらうと、「僕、あのときちゃんと弾けなかったから、彼女怒ってると思う・・・」って、わかってたのか！！

とはいえ、過ぎたことを根にもつのも好きではないし、折角の再会を嬉しく思った。


コースの間は、午前4時間、午後4時間の練習の他に、リストの巡礼の年で有名なエステ荘の１００の噴水やリストの家を見に行ったり、アヴェルナ先生の門下生でイタリア語が堪能なユミさんと、ギリシャ人の生徒と、シチリア島出身のアヴェルナ先生に街のカフェでグラニータをご馳走してもらった。

氷がシャリシャリしたエスプレッソ味のグラニータは、今思えば、一昨年シチリア島の音楽祭に招かれた時に飲んだものより上品で美味しかった。やはりイタリア人と行くと良い店の選択ができるのだろう。

音楽談義やシチリア島の話を聞いたりした。イタリア人は南の方へ行けば行くほど黒い髪、黒い瞳になるが、アヴェルナ先生は北の貴族出身らしく、ちょっと眼鏡をずらして、「ほら、僕の目、青いでしょう？」と見せてくれた。ギリシャ人の女の子は静かで知的で英語も上手だった。ピアニストとしての将来をどうするか「考えている」と言っていた。

みんな音楽家として立ち止まるときがある。読書が好きで、バナナ・ヨシモト、ハルキ・ムラカミは知っている、と言っていた。


生徒達は皆それぞれ街のホステルやホームステイ、ヴィラに分散して宿泊していた。ピアニストで作曲家のリッカルドやフルートのドナーテがいるアパートメントに呼んでくれて、リッカルドお手製のポモドーロ（トマト）のパスタを御馳走になったりした。

これがまたワインなどひねった材料は何もつかってない、本当にトマトだけのパスタなのに、なんともこなれた味で、毎日のように自然につくっている人の味がした。
ただ、それだけに、街で売っている〝ローマのピザ〟はお口に合わないようで、ベルギーから来ていた私には十分美味しく感じたから、やはりピザの発祥地、ナポリの人の沽券にかかわるのかもしれない。
休憩時間に街で他の受講者に会うと、「今からジェラート食べに行くけど一緒に来る?」と誘ってもらって並んで座って食べたりした。乾いたイタリアの夏に、美味しく感じた。

リッカルディ先生とも、ナポリ音楽院の生徒はそれこそローティーンから大人までいて、また私の様な外国人もいるし、クラスを見学しているだけでも、それぞれに根気よく指導されるのを目の当たりにして、「忍耐強くていらしてすごいですね」と言うと、「忍耐強くないと人は育てられませんよ」という答えが返ってきた。深い。
今でも、人を育てるのはなんでも忍耐との戦いだな、と強く思っている。でもだからこそ、伝わった時の感激はひとしおだ。

コースの間は先生のコンサートもあり、最終日はスチューデントコンサートも街の小さな教会で催され、夏のコースは終了した。

自分の留学した土地の先生ではなく、コンクールを受けたことで知り合うことができ、交流させてもらうのはまた全然違った喜びであり、自分自身が挑戦したことによって得られたこと、フルートとピッコロを演奏することによって素晴らしい演奏家や友人と繋がっていくこと、をこの上なく幸せに思い、自分に与えられた人生を有り難く思った。

イタリアでのコンクール～バーリ編～

マーストリヒト音楽大学での修了試験から数日後の6月1日、イタリアはプーリア州、バーリへまた国際コンクールを受けに行った。

長い留学生活で気になることがあった。

色んな国をまたいでレッスンを受けていると、当たり前だが沢山の先生に出会い、師事することになる。メインの先生だけでなく、マスタークラスや、そのときそのときの目的や出会いによって指導していただく先生を含めるとかなりの人数に師事してきたことになる。

そういった中で、時折、自分が良い演奏をしたときは良いのだが、あまり良い演奏が出来なかった時に、その時、または過去についていた先生の名前を出して「……はそういう演奏だからだよね」と言われることがあって、それは一見私をかばっているが、その実、自分の好きでない演奏家を悪く言う人がいて、とても不本意だった。もういい大人になっていて、自分の判断で演奏している。

様々な原因と未熟さでふるわない演奏をしたときも、それは自分のせいであって先生のせいではない。自分の出した音は自分の責任だ。たとえ、そう演奏しなさいと教えられたとしても、10代や20代前半の若者なら別として、その先生のことも、その演奏も選択したのは自分だ。なぜなら私の先生は一人ではないからだ。

だからこそ、上手く演奏出来て、またそれを評価されたときは私を指導して来てくださった先生、私の中を通ってきた先生方の教えに感謝する。

そんなこともあって、私の長い留学生活で私の中を通ってきてくださったすべての先生のエッセンスと、その中で自分自身が悩みながら選択してきた音楽を、自分を知らない人達（審査員）が聴いてどう評価してくださるか、それを試してみたかった。

もともとあまりコンクール至上主義ではなかったが、その時受けられる国際コンクールがイタリアで開催されることを知り、挑戦した。

バーリ市は丁度、イタリアの地図でいうと、かかとの部分にある。

サッカーが好きな人には馴染みのある名前かもしれない。

バーリのホテルに着いたのは夜も更けた時間で、少しお腹が空いていたが、外国人女性が外に食事に出るにはリスクがある時間帯だ。

チェックインの際に受付の男性に「ホテル内にまだ食事が出来るところはありますか？」と訊いてみたが、もう閉まっている、との答えだった。

我慢できないほどの空腹でもなかったし、部屋で荷物を置き、明日のコンクールについて考えながらぼんやりしていると、部屋をノックする音が。おそるおそるドアを開けてみると、先ほどの受付の男性がお盆を持って立っている。「キッチンが閉まっていて、冷たいものしかないけど」と言って、生ハムとチーズ、オリーブにビスコッティ、冷たいミネラル・ウォーターが乗ったお盆を差し出した。びっくりして「そんな、とんでもないです」と遠慮すると、首を静かに横に振って、「空腹なのは良くないですよ」と言って私にお盆を渡して去って行った。

夜も遅い時間だったが、温かい、親切な気持ちに感動しながら美味しくいただいた。

バーリのコンクールはマーストリヒト音楽大学の修了試験のリサイタルで演奏した曲プラス、ピッコロでバルトークを加えたプログラムにした。

ファイナル・リサイタルから日もなかったし、吹き込んだ曲だったので、今度は微調整程度の練習にとどめ、できるだけリラックスした状態で演奏できるようこころがけた。

イタリアの公式伴奏者、今回はどんな感じ・・・?と、どきどきしていたが、これがまた、なんと素晴らしい伴奏者だったことか・・・・!!

実は、朝、ホテルで朝食を取ろうとレストランに行くと、なんだか落ち着きのない人がいるなあ・・・と怪訝に思っていたその人が公式伴奏者だった。びっくりした。

そして演奏を聴いて2度びっくり。

音楽的で、かつ素晴らしいリズム感、そしてうるさくなく、非常に演奏しやすい伴奏者で感激だった。完全にイタリア語のイントネーションで弾いているが邪魔にならない。

良い伴奏者に出会えると、伴奏がいる楽器奏者としては想像もつかないくらい嬉しいものだ。

伴奏は採点には入らないけれど、良い伴奏者であれば完全に音楽は良いものになる。

そしてその瞬間からソリストと伴奏者、ではなく〝デュオ〟になる。

ポロシャツにスニーカーのイタリア紳士は実は名ピアニストだった。

ああ、彼は奇人タイプの演奏者だったのだ、と気づいた。

服装と挙動を超えた、素晴らしい才能の持ち主だった。

お陰で本番では心がけたとおり、リラックス、かつ集中でき、そしてとても楽しんで演奏することが出来た。伴奏をしてもらっている、ではなく「デュオ」を心から愉しんでいる感じだ。ソリストにとっての伴奏者はそれぐらい重要だ。

今度はナポリのコンクールの時と違い、ホテルの自室に籠城することもなく（当たり前だ）ちゃんとおとなしく審査発表を待った。

結果は1位！！

優勝！だった。

審査員方、および、聴衆の方にも「素晴らしかったです」と言っていただき、とても温かい気持ちになった。

イタリア語しかできなくても、一生懸命労ってくださる方がいて、幸せだった。自分の生徒ぐらいの子供がロビーで、すっと手をさしのべて、「おめでとう」と言ってくれて、小さくても紳士だなあ、と嬉しく思った。

なんだか実感があとから沸いてくる感じだったが、良い結果を出すことができて、ひたすら感謝の気持ちになった。

何に、でも誰に、でもなく、すべてに。


コンクールの結果発表後は夜まで開店のお店や観光地が閉まる時間までバーリの街を散策しに行くことにした。

お城や劇場を見に行ったり、中途半端に余った時間にバーリのインターネット・カフェに寄って、そこでもまたイタリア人以外の外国人に囲まれて通信したりして過ごした。

旅先のインターネット・カフェというのも実は存外楽しいものだ。スーパーマーケットや郵便局もしかり。そこで暮らしている人々の生活を垣間見ることができる。


ここでまた珍事件が起きた。いや、起こした。

バーリの街を散策して、ホテルと会場のある最寄り駅まで戻ってきたときに、駅員のおじさんに話しかけられた。珈琲を飲みに行こう。と言っているようだ。でも、この駅にはこのおじさんしか駅員がいないし。

そうしたら。

なんとおじさんはシャッターを閉めて駅を封鎖してしまったのだ。

何が起こってるの？どうするの？

しかしイタリア語がわからないので、突っ込みようもない。

気がついたら意味のわからないまま駅のすぐそばのバールで駅員のおじさんと珈琲を飲んでいる私、になっていた。

銀のトレイの上に小さな水のグラスとエスプレッソ。

エスプレッソから飲もうとすると、「だ〜！！水から！」と怒られた。

珈琲を飲んでから飲むための水、だと思っていたが違ったのか。どうもバールのバリスタが言うには、バーリで行われたコンクールで日本人の覇者が出たらしい、とラジオと新聞に出たようで、駅員おじさんは私を見てピンときたようだ。

真昼間の南イタリアのバールの片隅で知らないイタリア人の駅員と日本人のフルート奏者。

不思議で可笑しくてたまらないが、ちょっとした祝杯だと思った。


ベルギーに帰って来て、友人たちに報告すると、

「ストライキを起こさせた日本人！」

「イタリアの駅を封鎖させた女！」と格好のネタになってしまった。

優勝者演奏会～〝勝っておごらず、負けてくさらず〟

〝すげー気持ちいい。超気持ちいい〟

というのは元オリンピック選手水泳の北島康介氏の言葉として有名だ。

コンクールを終え、一度ベルギーへ戻り、その間ベルギーでやらなければいけないことと生徒のレッスンなどをこなし、6月8日の優勝者演奏会に招待され、出演するため再びバーリへ舞い戻った。

当日主催者が用意してくれた車にのりこみ、大聖堂でのコンサートへ向かった。おそらくは1000人は入るだろう大きな大聖堂で、素晴らしい内装だった。

音はわりと散ってしまう感じでどっきりしたが、満席以上で、マスコミや、市長なども集まり、盛大におこなわれた。

イタリアやヨーロッパではその州や市をあげてコンクールを盛り上げる。

各部門の奏者を街の人が全力で応援して、優勝者コンサートとなると、大変なフィーバーを起こす。大聖堂の周りにも沢山の人々が集まっているのを見て、イタリアではパンも買えないような貧しい人が会場から漏れ聞こえてくる音楽を聴くために外で耳をすましにやってくる、という話を思い出した。

文化や芸術への情熱が違うのを肌で体感した。

韓国人やロシア人のピアニスト、イタリア人のギタリスト、ホルン奏者、Saxとピアノデュオ（素晴らしかった）の各部門の優勝者が演奏する中、わたしもフルートとピッコロ曲を1曲ずつ披露した。
コンクール後の発表のときに、賞状やCDはもらっていたが、聴衆の前でトロフィーの贈呈がこの場で行われた。

司会〝1位のYukari Yamamuraです！〟
聴衆〝うおおーーーーー！！！〟
司会〝Yukariはこの演奏会のためにベルギーから戻ってきてくれました！〟
聴衆〝うおおーーーーー！！！〟

フラッシュとどよめきの嵐での中、他の部門の覇者の贈呈が行われていく。
わたしも拍手を贈る中、

急に会場が静まり、〝〜〜〜〜〜（イタリア語がわからない）YUKARI YAMAMURA!!〟
と、突然呼ばれ、呆然とする私に、主催者の一人が
〝あなたのことよ。さあ　ステージに上がって!!〟

と言われ、なおたちつくしていると、〝ジャーナリスト賞受賞おめでとう〟と告げられ、びっくりしながら壇上に向かうといっせいにフラッシュがたかれ、ステージでは新聞社の人達が楯を授与してくれた。

この賞はもしかして、1位より嬉しかったかもしれない。

正直、多くの場合そうであるように、自分としては悔いの残る点や、反省点もいっぱいだったが、この日のこのジャーナリスト賞は本当に私だけが選ばれたもので、しかも、そういった賞がこのファイナルコンサートでもらえるということは演奏者の誰も知らなかったのだ。

〝超気持ちいい〟

強烈なことばだけど、心の中で自然と湧き上がってきた言葉だ。

優勝ですよ、と言われたときよりも。

壇上から降りてくると、ジャーナリストの人たちに囲まれてインタビューを受けた。

〝感想は？〟と聴かれたとき、正直に〝驚いています〟というと、

〝いや、ぜったい君だったよ〟と言ってくれる人がいて嬉しく感動した。

また戻ってきて皆さんの前で演奏したい。

とりわけピッコロ演奏を高く評価していただいたことには大きな自信となった。そして反省点だらけな私はこれからも〝勝っておごらず、負けてくさらず〟を胸に謙虚に頑張ろうと心から思った。そして素晴らしい伴奏者のオノフリオにまた会いたい。

優勝者演奏会が終わって一夜が過ぎ、朝、支度を整えてホテルを出ると、コンクールの審査委員長でバーリ音楽院学長のフランチェスコがパリッとした紺色のイタリアン・スーツで紺色のベンツの横に立って待っていてくれた。

彼の運転で空港まで送ってもらう道中、ぽつぽつと話しながら窓の向こうを見ると高速の両脇に連綿と続くオリーブ畑。

鮮やかな光とグリーンを見てやっと

「ああ、私　優勝したんだ・・・」とひとりごちた。

そういえば、イタリアのあるアソシエーションに加盟しているコンクールはイタリアのコンクールで優勝したことがある人は最終ラウンドから出場できる権利があるコンクールがある。

あれ？といういうことは、私はまだどこかのコンクールを本選から受けられるのだろうか・・

いやいや、もう受けませんけどね。

Musica

10° Concorso Internazionale di Musica

Si è concluso, presso la Chiesa Matrice di Corato con strepitoso concerto tenuto dai vincitori assoluti, la decima edizione del Concorso Internazionale di Musica "Euterpe", organizzato dall'omonima associazione con la direzione artistica del M° Francesco De Santis di Corato.

Alla presenza di un folto pubblico, del Sindaco Luigi Perrone, del Presidente del Consiglio Comunale Domenico Tarantini e dell'assessore Ignazio Salerno, si sono esibiti i Vincitori dei primi premi assoluti che sono stati selezionati, tra oltre 250 musicisti, in 9 intense giornate di audizioni, da una prestigiosa giuria presieduta da Lya De Barberiis, già docente dei Conservatori di Roma e Milano, ed Elena Bagrova, docente presso la Gnessins' Music Academy di Mosca.

La serata condotta con la consueta simpatia e professionalità da Marina Labartino ha visto esibirsi autentici virtuosi che hanno affascinato il pubblico con le loro esecuzioni, tutte accomunate da un altissimo livello professionale evidenziato anche dai più piccoli.

La serata è stata aperta dalla pianista coreana Youngmi Choi vincitrice del primo premio del Concorso di Esecuzione Pianistica. Gli altri protagonisti sono stati i giovanissimi talenti del pianoforte Giuseppe Santarella di Corato, Simone Losappio di Andria, Spillo Ascanio di Mola di Bari, i fratelli Antonio e Michele Argentieri di Bari, il violinista Marco Gialluca di Pescara, il cornista di Sannicandro di Bari Marco Verni, Stefania Argentieri (pianista) da Brindisi, la chitarrista barese Annamaria Plantamura, la flautista giapponese Yukari Yamamura, il duo russo formato da Milkina Ekhaterina (flauto) e Olga Mokhnacheva (violoncello), il duo pugliese formato da Danilo Panico (pianoforte) e Francesco Colatorti (sax), i pianisti Xianji Liao (Cina), Hwang Sunghoon (Korea) Alexey Lebedev (Russia).

Durante la serata finale sono stati assegnati il "Premio della Critica" da una giuria giornalistica formata da: Michele Gioiosa (Presidente), direttore del mensile *Musica e Scuola;* Michele Varesano, direttore dello *Stradone* di Corato; Adriana De Serio, giornalista della rivista *Contrappunti;* Diletta Lavinia Sasso, giornalista del *Quotidiano* di Bari; alla flautista Yukari Yamamura; il Premio "Registrazione Live" offerto da Audionova Matera al duo "Klonos", mentre il "Trofeo Euterpe "2008" è andato al pianista Alexey Lebedev.

Parole di vivo apprezzamento per la manifestazione sono state espresse dal Sindaco Luigi Perrone che, nel ribadire l'appoggio dell'Amministrazione Comunale a questa importante manifestazione, ha evidenziato il valore del Concorso "Euterpe" considerato ormai sia a livello nazionale che internazionale altamente affidabile sotto il profilo artistico ed organizzativo, qualificando nel mondo l'immagine di Corato.

È stata una serata sorprendente per la straordinarietà degli interpreti e per le emozioni che sono riusciti a trasmettere al pubblico che ha tributato calorosi applausi.

Durante il periodo del Concorso sono stati effettuati altri 2 concerti. Il 31 maggio si è tenuto il Concerto Inaugurale intitolato "I giovanissimi talenti di Euterpe", è stato eseguito da un gruppo di cinque vincitori del primo premio assoluto nelle edizioni 2006/2007 del Concorso, i quali hanno rivelato doti tecniche e stili-

M° Michele Gioiosa (Presidente della Giuria) e Yukari Yamamura (vincitrice del "Premio della Critica")

Anno XXII, n. 13 - Luglio/Agosto 2008

イタリアの国際コンクールで優勝・ジャーナリスト賞を受賞した時の新聞

第七章　イギリス／ウェールズへ
〜ヨーロッパのピッコロ事情〜

ヨーロッパのピッコロ事情

日本の音楽大学には「ピッコロ科」がない。

ヨーロッパでも専攻学科として据え置いている大学は珍しい。

ベルギーのアントワープ王立音楽院と、オランダのロッテルダム音楽院、フランスの地方音楽院のどこか、私が住んでいた当時で思い当たるのはそれぐらいだ。

もちろん各国「名手」はいる。自分でその学校でピッコロを専門に勉強できるかどうかは、確認しなくてはいけないくらいの時もある。

私は最初の留学地だったイギリスで今一度音楽教育を受けてみたかったので、ウェールズ王立音楽大学（Royal Walsh college of music and drama RWCMD）にした。私が日本人で初のピッコロ専攻生だったと思う。（現在ピッコロ科は閉科）但し専門にピッコロを学ぶ課程に進まなくても、必ず副科としてピッコロは学ぶし、（選択科目だったらトラヴェルソも受講できる学校もある）ベルギーの大学の卒業試験ではピッコロ、アルトフルートなどの特殊管の曲をプログラムに入れることになっていた。

つまり卒業後オーケストラや吹奏楽団のオーディション受験時に「え〜、私、ピッコロ吹いたことない」という事はない。

もちろん各大学のピッコロの授業ではピッコロのオーケストラ・スタディも一通りやる。

また、オーケストラにも、これまた日本にはない「首席ピッコロ奏者」という席があり、そういった背景も関係していると思われる。

実はピッコロを初めて吹いたのは留学してからだ。

チェコの音楽院に進むことになったとき、ピッコロの授業がフルート専攻生には必須だったので、それを話すと、デンマークのトーケがこれでよかったら、とヤマハのすごく古いピッコロを〝くれた〟ついでにレッスンもその場でしてもらったが、「お前　結構ピッコロ向いてるよ。そして俺も結構ピッコロ教えられるな」と言った事しか覚えてない。ふむ。

それでも、後にイギリスでイタリアのブルゲローニのパリサンダーで出来たピッコロを購入するまで、そのカーボン製の古いピッコロで、割と長い間頑張った。


チェコのピルゼン音楽院ではピルゼン歌劇場のフルート・ピッコロ奏者の先生にフルート科の副科としてピッコロのレッスンをしてもらった。

上級生のみ取れるレッスンで、ここではオーケストラ・スタディよりもヴィヴァルディのフルート協奏曲『ごしきひわ』や『海』などを課題に与えられてレッスンをしてもらった。もちろん、あの各種ピッコロオーディションでは定番の課題曲、有名なヴィヴァルディピッコロ協奏曲の第二楽章も。でも私は今でもヴィヴァルディをピッコロで演奏するならRV443の協奏曲より、『ごしきひわ』の方が好きだ。

初めてきちんとピッコロのレッスンを受けて、音程感や安定した音色を作るのが真剣にやると難しい楽器、だけど、奥の深い楽器、ポテンシャルのある楽器だと改めて感じた。

実は私はその後に師事した先生方は、不思議なことにピッコロの名手でもあった。

プラハ芸術アカデミーでの教授・ラドミール・ピヴォダ先生はチェコフィルの前はブル

ノ国立歌劇場の首席ピッコロ奏者だったし、ベルギーでのフルートの師匠の一人、マルク・グローウェルズもフランダース王立歌劇場オーケストラの首席ピッコロ奏者だった時期がある。


ベルギーに移り住むことになって、私のピッコロ演奏頻度は格段に上がる。

きっかけはオーケストラでの演奏だ。

それまでも音楽院のオーケストラなどでフルート・ピッコロ共に演奏することはもちろんあった。

だが、私にはどうにもこの〝オーケストラの中で演奏する〟、という苦手意識が抜けなかった。

ソロや室内楽のように、常に演奏をする機会があったり、難易度が高い曲でも自分で頼んで合わせる回数を増やせば、出来るようになるが、いくら苦手でやる気があってもオケの人数を1人で練習用に集めるのはさすがに無理だ。

また、オーケストラの曲もソロ曲と同じようにハーモニーが、わからないと、技術的にクリア出来ても〝意味〟がわからない。それでは曲が、作曲家が意図している音、音楽にはならないのだ。


さて、それならこの苦手意識を克服するにはどうしたら良いか？

私は当時からオーケストラプレーヤーを目指してはいなかったが、だからといって苦手なものを苦手なまま放置するのは嫌だった。

とにかく頻繁にオーケストラで演奏しなくては。

そう思った私は、当時住んでいたゲント近郊で活動している、市民オーケストラやアマチュア・オーケストラ、セミプロオーケストラ、ユースオーケストラをキーワードに学内の掲示板や、インターネットを見て探した。その結果、フラマン語で書いてある2つの団体を見つけた。

日本のオーケストラでもそうだが、プロ・アマ問わず、フルートはどこも満席だ。でも、ピッコロなら、と。

答えは簡単。ピッチコントロールが難しい上に目立つので、怖くて誰もやりたがらないから。

でも、その時点で私はピッコロをオーケストラで演奏する事自体は色々わかりつつあったし、それをもっと極めたいと思い始めていた。そしてその時点で皆が言うほどピッコロが嫌いではなかった。そこで、交渉の末、ピッコロで演奏させてもらえる事になった。

一つはユース・オーケストラで、とっくに「ユース」でなかった私だが、ピッコロ奏者だったので歓迎された。

もう一つはゲントを拠点にしている、オーボエ奏者が指揮者の少し小さめの市民オーケストラだった。ゲント王立音楽院の学生もいてちょっと頼もしかった。

室内オーケストラは今でも好きな分野だ。そしてもちろん音楽院のオーケストラと随時

3つの団体を掛け持ちし、時にはいずれかのオーケストラの特別企画で、他の都市や国との合同オーケストラなどを入れると、常時4つ（！）掛け持ちしていた。

学校の授業と練習だけでもふらふらだったが、フランスとベルギーの合同オーケストラ、EUSO（Euregion Symphony Orchestra）ではモンス王立音楽院でマルクの生徒だったクリスティーナと一緒にのることが出来て良い思い出で、とても楽しい経験をさせてもらったし、そうこうしているうちに、なによりオーケストラに対する苦手意識も緩和され、ピッコロもより好きになっていた。

そして最終的にはマーストリヒト音楽大学でもピッコロでオーケストラ・スタディの試験を受けさせてもらえたり、ピッコロの師であった、シュトゥットガルト放送交響楽団のフルート・ピッコロ奏者のピーター・ライクスにもピッコロを伸ばすようにとの言葉をいただき、イタリアのコンクールでもピッコロ曲を組み込んだプログラムで優勝することが出来た。

「あなたは英語が話せますか？」

そんな経緯を経てウェールズで試験を受け、ピッコロの勉強をすることになった私だが、この時期は私が留学をしてきた90年代後半に比べて、語学力の試験が厳しくなっていた。約9年ぶりにイギリスの大学院に行くことを決め、実技試験を受けて通ったら、IELTS（International English Language Testing system アイエルツ。英語熟練度を測るケンブリッジ大学英語検定機構、ブリティッシュ・カウンシル、IDPEducationの共同運営されている英語検定試験）での語学試験を受けて一定以上の成績を取って結果を提出しなければいけない決まりになっていた。

私が留学してきた97年頃は、表向きTOEICやIELTSといった語学力があることが望ましい、とされていても、実際に試験を受けて結果を提出しないと入学出来ないということはなかったと思う。しかしミレニアムイヤーを迎えて、2度目のイギリス留学の頃にはイギリスやドイツの音楽大学は特にそれを求めており、語学力が足りないからといって入学が取り消されるわけではないが、その語学試験が通るまではいくら音楽・実技科目で通っていても入学、つまり授業に参加することは出来なかった。授業に参加しながら語学のテストを受けに行って通れば良し、ではなかった。そのため、人によっては半年遅れでスタートする人もいた。

私の場合は入学の決意が遅かったので、少し遅れたが、とりあえずは前期の授業の後半から参加することが出来た。

最初の留学地がイギリスで、その後別の国に住んでいる間も英語を軸に話してきたものの、お互い母国語でない同士が話す英語だったので、実際自分の英語力はいかほどのところまでいっているのか、よくわからなかった。

ベルギーにいるとき、ゲントの音楽院の即興の先生がある日じっと私の目を見て、「君は英語が話せるか？　それは〝本当の意味〟で」と。

外国暮らしも10年以上になると、〝ただ相手と話が通じる英語〟ではなく、私達日本人同士が日本語で話しているように、ただ言葉の意味がわかっているかではなく、その奥の意味を理解したり、直訳的な英語表現でなくても理解しているか、ということを求められるようになる。

どの国でも、10年、20年以上暮らした人、もしくは今でも暮らしている人は口をそろえて言う。

「今でも私は英語（もしくはフランス語やデンマーク語など）を話せます、とは言えない」と。

「話せる」の意味・質が全然ちがうのだ。

入学するまでにIELTSの試験が受けられる日程と場所を調べていると、当時住んでいたベルギーやイギリスはもう間に合わないことがわかり、ベルギーから一番近い国で受験できる国、はフランス・パリだったので、そこで受けることにした。

受験するにあたって、流石にちゃんと対策を考えてくれる先生について勉強しようと思い、ブリュッセルのブリティッシュ・カウンシルに問い合わせて、ふさわしい先生を紹介してもらい、準備することにした。

イギリス人特有のあまり表情の出ない先生で、よくありがちだが日本人の私より年上に見えるもののおそらく実年齢はずっと年下だと思われる女性の先生だった。

アジアには興味があるものの、故に中国に留学したことによって「中国の文化は興味深いけれど中国人は嫌い」という先生で、よって、同じアジア人である私にもあまり愛想の良い先生とも言えなかったし、レッスンは厳しい方だった。ただ、ちゃんとした英語の授業を受けるのはかなり久しぶりだったし、また、受験まで日が迫っていたこと、長く英語を使っていて、話は通じるがかなり出鱈目になっているところもあったので、とにかく自分自身が焦らずに、「今、自分の最大限の良さが出る勉強のやり方」に集中しようと決め、短い時間でも、もくもくと語彙力を増やしたり問題集を暇があればやるようにした。それは楽器の練習でもいえることで、「～までにこれだけのことをこれぐらいの出来高でやらなければいけない」と思いすぎると、却って良いところも少しだけしか発揮できなくなる場合がある。

それよりも短時間でも空いたら出来ること、をマメに反復したほうが技術も精神も安定して、結果、時間が多く取れたときに「小問題」はクリアできているので、集中できる、ということをフルートの練習でわかっていたので、そのやり方を遂行した。

おそらく、先生の方が私のマイペースっぷりに焦っていたと思う。

受験まで日が迫っていたので、実際はそんなに沢山レッスンを受けられたわけではなかったと思うし、故に割とシビアなレッスン内容、時間だったが、ある日、「私、前にイギリスに住んでいたの。ケント州のタンブリッジ・ウェルズだけれど」と言うと、彼女は「ちょっと自慢気に「私はワイト島の出身なの。知ってる？」と言ったので、「知ってる。行ったことあるわよ。ホストファミリーのおじいちゃん、おばあちゃんがワイト島に住んでいたから」と言うと、嬉しそうな顔をして、ワイト島のカレンダーを見せてくれた。懐かしいワイト島の写真を見ながら、彼女もこのブリュッセルで懐かしく故郷の島の写真を眺めたり、私以外の外国人の生徒に英語を教えながら紹介していたりするのだろうか、と思った。

こんなこともあった。

その時、移動で頻繁に飛行機を利用していた時だったが、乗り継ぎが上手くいかず、搭乗時間を5分過ぎただけなのに、目の前に飛行機がいて、通常なら理由的にも時間的にも私ひとり搭乗できるくらいの時間はあったが乗せてもらえないことがあった。私は必要なアーギュメントはするが、無駄な抵抗はしない。

ヨーロッパ生活も10年近くなっていた私は「話し合っても無理なこと」にエネルギーを使うくらいなら、さっさと受け入れて今やれることをする、という考え方が身についていた。次の飛行機に振り替えてもらうことは出来たが、待ち時間が5時間くらいはあったと思う。もうこの頃にはこちらの人と必要以上にやり合うのは、それこそ時間と精神の消耗が激しくなるだけなので、一通りかけあったあとは、おそるべき切り替えの速さで、その場にあったカフェに座り、ノートとテキストを広げ、次の便の案内が来るまで、ひたすらひたすら英語の勉強をしていた。こういう時は単純作業に限るので、えんえん知らない単語を反復し続けた。ごとっと音がして目を上げると冷えたペリエの瓶。もっと上を見上げると警備員の男性が、にかっと笑ってサムアップ（親指を立てている）してくれた。あまりの空港職員の冷たさと、私の切り替えの速さに、可哀想に思ったのだろうか。少し温かい気持ちになった。

いよいよ受験するためにパリに行く日が来た。

丁度良い時刻に到着する飛行機や鉄道を探したが、あいにくどの便も受験時刻に到着するものがないので、夜行バスでパリまで行くことにした。

最後の英語のレッスンで、先生はこう言った。

「どの試験も落ち着いて。でもあなたの一番のアピールポイントは面接＝Speakingね。上手く話そう、とか、正しい英語で、というのはあまり気にしなくていいわ」

ここで一呼吸おいて、

「あなたらしく自然に話して。なぜなら、あなたの着眼点はとてもおもしろくてインテリジェントだから。そのほうがきっと試験官は興味を持ってくれるはずだから」と。

驚いた。

ワイト島の話をする以外はあまり打ち解けた感じもなかったので、そんな風に感じていてくれたことがとても意外で、嬉しい、というよりはどぎまぎした。

そして同時に私の使う英語はPoetic（詩的）だと言ってくれた、デンマークのトーケのことを思い出した。

パリに行く夜行バスはブリュッセルからではなく、リエージュからだった。

ゲントからリエージュまで電車で1時間半、その後バスがくるまで、指定のバスストップ・・・が、駅からしばらく歩いたところにある、すでに閉店しているガソリンスタンドだった。

真夜中近くに日本人女性がひとりぽつんと誰もいないガソリンスタンドに立っているだけでシュールで怪しい光景だ。ちなみに周りに開いている店などない。

ここで間違ってないよね、というか、こんなところで女子が一人で立ってるって、自分でも大丈夫かなんだかわからなくなってくる。しばらくするとおじさんがやってきた。なんだろう、と思ったが、この人もバスを待っているのだ、と察した。

ああ、真夜中のスタンドに見知らぬおじさんとふたり。

ますます両親が知ったら卒倒しそうな画（え）だ。

しかし、しばらくすると、またもう少し人がまばらにやってきて、女の子同士や、どうやら親に車でここまで送ってきてもらったらしい学生らしき人が来て、誰からともなく「…バスを待っているんだよね？」と言い出したので、その言葉だけでなんとなく連帯感が出来た。暗闇からふわっとバスがあらわれた。

それぞれバスに乗り込むともう誰も言葉を発せず皆早々に眠りについた。

パリに到着すると、まだ6時過ぎで、バスを降りて、地下鉄に乗ってパリ郊外の試験会場まで行ってもまだ7時くらいだった。

試験が始まる10時まで時間があったけれど、試験会場の近くは住宅街でまだお店も開いていない。けれど、近くのパン屋さんだけは開いていて、また、そこはイートイン出来るお店だったので、そのお店で待つことにした。

入ってみたら朝早いにもかかわらず、お店の中はお客さんでいっぱいだ。見るからに常連さん、そして朝まで労働していました、という感じのおじさんでいっぱいで、ちょっとびっくりしたが、他に入れるお店もないし、そして直感した。

こういうお店は間違いなく美味しい。

クロワッサンとカフェ・クレーム（カフェ・オ・レ）を注文した。

辛うじて空いていた席に座り、クロワッサンをかじると、ふわっと粉の良い香りがして中がしっとりしていて美味しい。

私はパリパリしていてもかじったらほぼ外側が落ちてしまうようなクロワッサンは嫌いだ。そして、よくバターがどうの、と言われるが、もちろんそれも大事だが、私がヨーロッパで、本当に美味しい、と思ったパンは大抵バターのリッチな香り、よりは粉の香りが違った。

労働者のおじさんたちに見守られながら（?・）、美味しくクロワッサンをいただいてもまだまだ時間があるので、いつになく緊張している気持ちを鎮めつつ、しばし目を瞑っていることにした。

寝過ごすこともなく、時間の前にはお店を出て、試験会場に入って受付を済ませて試験開始まで教室で待った。

筆記試験（聴く listening、読む reading、書く writing）を済ませ、インタビュー／スピーキング（speaking 話す・面接）を受けた。

「着眼点の面白い話」が出来たかどうかはわからなかったが、とにかく試験は全て終了したし、結果は郵送だったので、帰りのバスの時間まで久しぶりの、そしてつかの間のパリ滞在を愉しんだ。起き上がったばかりのパリの知らない街は午後の日差しが綺麗だった。

しばらくして結果が送られてきて、ちゃんと指定のポイントを取得することが出来ていたので、大学で勉強が出来る安心感と、長年のヨーロッパ生活で話していた語学力が曲がりなりにも認められたことは励みになった。

ブリュッセルで出会ったワイト島出身の先生に感謝した。

そしてあの、空港でお水を差し入れてくれた警備員さんにも。

～ピッコロを専攻する

英国ウェールズ王立音楽大学は、ウェールズの州都カーディフにあり、チャールズ皇太子（Prince of Wales）が理事を務める。

また、演劇科の卒業生には映画『羊たちの沈黙』のレクター博士役で有名な、アンソニー・ホプキンズがおり、私達がレッスンを受けたり、演奏会をしたりする建物は彼寄贈の「アンソニー・ホプキンズセンター」と名付けられている建物だった。

カーディフ城と隣接しており、裏庭とお城を結ぶ径をあるいていると、雪解けの地面にウェールズの州花ダッフォデル（水仙）が顔を出し、子供のころ母に勧められて読んだサムイル・マルシャークの『森は生きている』の世界のようだと思った。

教授はBBC National Operaのオーケストラの女性フルート、ピッコロ奏者だった。とても厳しいことで有名で、私も毎回〝対決〟のような気持ちで挑んでいた（本当に）。就学ヴィザなどの関係で少し遅れて入学した私は、レッスンは取り戻すために週2回、通常は1時間のところが2時間のレッスン、（同級生には、「タフだねー。彼女のレッスンそんなに受けるなんて」と言われていた）オケスタは一回生から四回生プラス大学院の分を全曲、そしてオーケストラのリハに本番、通常の授業も出て、論文をこなさなければならず、そして一番大事な練習は大学が開いている朝7時半から夜10時まで時間がある限り練習していた。

フルート用に書かれたジェフリー・ギルバートのシークエンス、パガニーニのカプリス全曲をピッコロでさらい、パトリシア・モリスのPractice for piccoloというピッコロ奏者のバイブル、といわれている教則本ももちろんやった。

フルートのレッスンに室内楽、伴奏員クリスとのリハーサル、オーケストラや吹奏楽を始め、数々のコンサート、と、もう帰ってきて寝たらすぐ朝。起きても前の晩の練習で、手がぱんぱんに腫れている状態。

また、私が在学中に先生が妊娠・出産を迎えたので、先生が大学に来られない時もあり、そういう場合は先生のご自宅で個人レッスン。

オール・ピッコロプログラムの最終試験にたどり着くまで本当にこの学校での生活は大変だった。いつも理想の音を求めて「どうしたら、どうしたら」と住んでいたフラットと学校を往復した。

典型的なイギリス人らしい皮肉屋で、厳しい先生だったが、ときどき納得いかないこと

があっても、そういう時はちゃんとディスカッションしていた。(ほとんど〝対峙〟というときもあったが)

イギリスに限らず、ヨーロッパで勉強していて、日本人らしく受け身になって聞いてしまうと、かならず「Be Argue」(論じ合いましょう)と言われる。

学生であっても何か疑問があったり、また自分なりの解釈を対等に話す、ということを求められたし、当たり前だった。かといって、それを誤解して馴れ馴れしくなったり、リスペクトを忘れるようなことはない。

そのとき意見が分かれたように見えたり、また、先生でも「知らない」ことは「知らない」と言い、ではお互い次のレッスンまで考えてこよう、と持ち帰り、今度はいい意味で歩み寄ろうとするので、ちゃんと自分の意見を言うのはとても大事だと感じた。

センセイなのに知らない、でもなく、生徒なのに勉強してきていない、でもなく。


好きな授業もあった。

パフォーマンスクラスといって、今では日本のクラシック・コンサートでも曲の間にトークを入れるのは珍しくなくなってきたが、この頃、イギリスでもそういった風潮になりつつあった。学部と大学院の管楽器専攻の学生が順番に全専攻生の前で現在取り組んでいる楽曲を伴奏員と演奏するのだが、必ず演奏の前に簡単な曲の紹介をする。メモを見てはいけない。どういう曲の構成で、というよりは、その曲について聴衆に興味を持ってもらえるような紹介をする。この経験は今でも非常に役にたっている。そして何よりイギリス人のウイットに富んだ説明と完成された演奏を聴くのは本当に勉強になった。赤い壁紙に美しい絵画が掛けられた、アンソニー・ホプキンズセンターのコンサート・サロンで。

そんなめまぐるしい学生生活の中でも、先生に男の子の赤ちゃんが生まれた時は、会わせてもらうことができた。金髪の先生に似た、可愛らしい赤ちゃんだった。

「でもね、ユカリ。私、彼を初めて見た時本当にびっくりしたの」

「どうして？」

「だって私、赤ちゃんって、毛がないと思っていたのに、うちの子、毛がふさふさだったんだもの！！」

「・・・」

ピッコロ科、に入学した私だったが、フルートのレッスンももちろんあった。ロジャー・アームストロング、という名前だけはベタなイギリス人でかつてはBBCウェールズ　フィルハーモニーオーケストラのフルート奏者だった。

定年に近い歳の先生で、ちょっと〝変わり者〟扱いされていたが、（なぜいつも変わり者の先生に縁があるのだろう）生徒思いの温かい先生で、かといって、近づき過ぎることもない。（それもイギリス人らしい）フルート曲だけでなく様々なクラシック音楽に精通していた。

実際、ロジャーの門下生のプログラムはオーソドックス過ぎず、スタンレー、ローソンといった、ちょっとレアな作曲家も取り上げていて、自分の先生だからというわけではなく愉しめた。

ちなみに先生は１８０cm以上あったので、私との身長差がすごかった。
北欧の１９０cm以上の人に慣れてはいたが、ちょっと久しぶりの身長差が可笑しかった。

ある日、「ウッドストックのピッコロ協奏曲を知っていますか？」と訊かれて、知らない、と答えると、今度持ってきてあげましょう、と言われたが、ヨーロピアンにありがちな、提案はするものの、結局忘れてしまう、というパターンかな、と思っていたら、次のレッスンの際にちゃんとCDにコピーして持って来てくれて、あんな口約束忘れてしまうのでは、と思っていた分、嬉しく、信用できる先生だと思った。

家に帰って訊いてみるとヴィヴァルディと同時代の作曲家で可愛らしい作風の協奏曲だった。

ロジャーとの逆説についての会話で印象に残っていることがある。

「・・・反対から考えてみるのもいいものです。僕が学生だった頃、・・・もう随分昔の話だけれどね、新しい楽譜を買うと、お店の人はこんな風に（くるくると丸めながら）薄い茶色い紙で巻いてくれたものです。当然、レッスンにその楽譜を持っていって、譜面台に置くと、楽譜は丸まってしまうのです。

一生懸命平たく押さえつけようとするけれど、やはり丸まってしまう。

そうすると、先生が、

〝平たくしようとするのではなく、逆側に折ってみなさい。そうすると真っ直ぐになるから〟と言ったんだ。練習や物事の考え方もそういうことが言えます」

きっと、私の「こうでなくてはいけない」と思い過ぎる傾向や、反面、長く学生生活を送ってきたことで、少し俯瞰に見過ぎるところを感じ取ってアドヴァイスをしてくださったのだと思う。

真っ向から考えすぎるのではなく、逆側から考えることで、見えてくるものがある、と。これは、ベルギー時代の師匠の一人、マルクの「変わった人の変わったアイデアもちょっとやってみろ。変わったやつっていうのは俺たちが考えつかない方法をみつけていることもあるぞ」というのとも共通していると思う。

まず受け入れること。そして自分とは意見が違っているように見えても一考の価値はあること。なぜなら求めている答え＝良い演奏をしたい、ということは同じなのだから。

そして、楽譜を茶色い薄紙で巻いてもらう、良い時代のお話だと思った。

またある日のレッスンでは、

「最後まであきらめてはいけませんよ。一生懸命やってもなかなか結果になって返ってこないじゃないか、目に見えた成果が得られないじゃないか、と思わないで」

紙に００：００秒・・と書いてある。
そこのさらに右端、つまり秒より下の単位を手で隠しながら見せてくれて、その手をずらすと、
00:00:58
00:00:59
00:01:00
・・・・・・・・・・・・・！
「そう、毎日見える範囲の結果ばかりじゃないんだ。秒より下の単位は大抵自分には見えないでしょう？君のしている努力は秒より下の単位では動いている。だから、絶対に目に見える結果だけに惑わされず、かならず毎日君のやっていることは進んでいるんだ、と信じることだよ」

すごく説得しよう、としているわけではないのに、この人の言葉はいつもすとん、と真っ直ぐに入って来た。救われた気持ちになった。

人は、今まで積み重ねてきたものを否定されることがいちばん辛く、堪えるから。

教えるとは、教わるとは、そして音楽を通して自分は何を伝えるのか、ひいては、人生

についても通じる含蓄の深いレッスンで、毎回、目から鱗がぽろぽろ落ちるような、素晴らしいレッスンだった。

ピッコロを専攻しに来た大学だったが、これだけ素直に色々なことが尋ねられる先生、自分が今思っていることを尋ねられる先生にここでお会いできるなんて、想像もしていなかったが、それだけに来て良かったと思えた。

RWCMDでは、フルートは私にとって、いわゆる、「第二楽器」としてのレッスンで、もちろんそんなことは、私のフルート人生で初めてのことだったが、結果として、この、ロジャーとのレッスンは、この先の私の音楽人生において、かけがえのない、レッスンになった。

フルート、という枠にとらわれず、ピッコロの演奏にも大きな影響を与えてくれた、印象深い師匠の一人になった。

ウェールズ王立音大のアンソニー・ホプキンズ寄贈の建物

カーディフ城

ウェールズのシードル（リンゴで作ったお酒）

ウェールズのパブ。このウェールズのパブはビール小話～ギネス編～に出てくるパブ。丁度私の家と友人の家の中間地点にありました

ふたたびのイギリス

クリフォードとはイギリスを離れた後も、しばらくやりとりは続いたが、その後私もまた違う国を渡り歩いたことで少しの間音沙汰はなかったが、ベルギーに住み、またイギリスに近くなり、コンクールや重要な試験の前などやはりクリフォードにレッスンを付けてもらいたい、そう思い、何度も電話をし、留守番電話にメッセージを残したが、珍しく返事がない。

何度か電話をかけたある日。　やっと繋がり本人が電話に出た。

「レッスンをお願いしたいんだけど・・・」
「ユカリ、ごめん。今は無理なんだ。・・・僕、脳腫瘍なんだ」
「・・・え?」
「ある日、いつものようにリハーサルに出掛けたんだ。それで、ピアノを弾こうとしたんだけど、左手が全く上がらないんだ。すぐに病院に行って、検査を受けたら、脳に腫瘍があって、ステージ4だって・・・」

確かに少し息苦しそうだと思うけれど、いつもの独特の優しい声で、英語がまだまだおぼつかなかった頃のように、きちんとゆっくり説明してくれた。

「だから今はごめんね」―Sorry, Yukari…

これがクリフォードとの最後の会話になった。

その後私は再びイギリスで学生生活を送り、クリフォードもその間にホスピスに入り、一時的には非常に回復した様子で、自宅に戻ることが出来たようだったが、しばらくした後、帰らぬ人となった。

後に父が、

「・・・ろうそくも火が消える前は一瞬、火が大きくなって揺れるだろう?人間も最後の火を揺らすときがあるんだよ」

でも

「今」はごめんね、って言ったのに。

だから「また」弾いてくれる、会えると思っていたのに。

どうして神様はあんな素晴らしい人を連れて行ってしまうんだろう。

私に海を渡る決意をさせてくれた人はもういない。

そのころ　日本で

イギリスに留学して2年目の冬に祖父が亡くなった。「もうとても悪いから」と家族から知らされていた私はその年の夏、祖父に会いに2週間日本へ帰国した。おそるおそる会いに行った祖父は留学前の、外国人のようにすらりと背が高くしっかりした体躯の祖父ではなく、がらがらに痩せて別人のようになっていた。表情だけは私に対して矍鑠《かくしゃく》として見せようとしていたが、完全に別人のようだった。一週間毎日、精一杯祖父の側にいたが、とうとうイギリスに戻る日が来た。大好きだった祖父の匂いをどうしても感じたくて、祖父の膝に鼻をうずめる。おじいちゃん、また帰ってくるから。絶対元気で待っててね。

夏が過ぎ、余命4か月、と言われていた祖父は6か月頑張った。

11月のある日。

ふと思い立って日本に国際電話をかけたら、母が「今、ちょっと忙しいから。また掛けるから」とだけ言ったでもわかった。

ああ、おじいちゃん、逝っちゃったんだ。

暫くして日本にまた一時帰国をした。

関西空港に迎えに来てくれた母が電車の中で、

「あんな、おじいちゃん死なはってん」

「うん。知ってたよ」

「ちょうど電話かけてきたとき」

「うん。そうやと思った」

「死なはる直前、〝おじいちゃん、ユカリがフランスで買ってくれたバンダナする?〟って聞いたら、うん、って言わはって。それからすぐ」


既に終えられた葬儀の写真には私の名前の献花。

ああ、ずるいなあ、私。

みんなに何もかも任せて、フルートばっかり吹いていて。

「おじいちゃん、ユカリに言ったらあかん、て。心配して帰ってきてしまったらあかんからって」

母の目から涙が溢れている。


祖父が亡くなって2年目の1月。

祖母からの手紙。

何通かの手紙の日付は12月、1月元旦、1月末日と記してあり、〝書いては投函しそびれていました〟その手紙を受け取った頃には私はデンマークに移っており、宛名には当時住んでいた寮の住所。

その手紙は度重なる引っ越しとその際の洪水や床上浸水などの被害に遭いながらずっと

私と移動を続け、今一度開封してみると、水で文字が滲んでいて読めないところも沢山。でも覚えている。

「＊月＊日。お正月が近づいてきたけど、おじいちゃんもいないし、注連縄を飾るのもやめました。お掃除、お洗濯、＊＊さんに誘ってもらって若い学生さんのコンサートを聴きに行ったりしています。今日はおひたしやおさかなを煮たものを作りましたが、一人でおじいちゃんのいない食卓でごはんを食べているのが悲しくなって涙が出てきました」

本当に書いては止め、書いては止めていたのだろう。

不思議なことにその部分の手紙はそこから滲んで読めない。

水に濡れなかった手紙には「お正月から嫌なことを書いてごめんなさいね」と書いてある。いつでも自分は辛くても人に優しかった祖母の采配なのかもしれない。

父がまだ現役で働いていたので、出張を口実に母も一緒に訪ねて来てくれた。

チェコは2年間の滞在だったが、父の仕事の都合上3回も来てくれた。

私よりも母の方がよく覚えている。

プルゼニュのレストランで食べたポークステーキとクネドリーキ、大きなグラスに入った赤ワインが全部合わせても600円しなかった事、トラムがお店のすぐそばを走っていたわ、と。

チェコ航空の機内では到着の際にスメタナの〝モルダウ〟が流れる。母はモルダウを聴くならまた機上が良い、彼処で聴きたい、と言う。

私は空港で両親を見送る際、ゲートを入ってすぐの所で母が泣き出し父が母の背中をさすっていたのを覚えている。

私は親不孝かもしれない。そう思った。

私のまわりにも家族との別れや親が病気になっても帰れないこと、ペットの死、など年頃のせいか、そういった出来事を受け止める時が来ていた。

離れて外国に暮らすのはそういうこと、と留学、海外生活が長くなった者同士で強がっていたが、どこかみんな浮かない顔だった。

それぞれの日本に残してきた、待っていてくれる家族。

ベルギー、オランダにも来てくれた。

父だけ来てくれた時は父が風邪を引いてしまい、辛そうなのに、やっぱり、どこかに行くより私と話をしている方が良いと言ってくれて、ブリュッセルのアヴェニュールイーズのハーゲンダッツのテラスで2人で過ごした。

母も何度か来てくれた。1人で、また、手術をした時はフランス語も英語も話せない母が来ても入院していて相手が出来ないから来なくていい、と言うと、英語の出来る友達と来てくれた。

そしてマーストリヒト音楽大学を修了した際は祖母と来てくれた。

修了のお祝いにマーストリヒトのドレス屋さんで祖母に演奏会用のドレスを買ってもらった。

ベルギーのブルージュでは運河巡りをして、祖母はその時の風景の絵を描いた。

毎日会っているわけではないから、たまに訪ねて来てくれるごとに、両親や祖母が老いていく様子を余計に感じた。

それなのにいつも

せっかく来てくれたのになんだか不機嫌な娘だった。

私は忙しいのに。

やらなきゃいけないことが毎日いっぱいあるのに。

どうして今なの。

でも本当にそうだった?

忙しい、忙しいって、年に1回も会えるか会えない年もあるのに?

違う。

ただ現地の生活でのルーティンを壊したくないだけ。

今の生活についていろいろ説明するのが面倒なだけ。

そんな不機嫌な娘に両親は気を遣ってくれていた。

なんでいつでも変わらず受け止めてくれるの。

娘に会えて安心した、というそれだけの気持ちで。

空港で見送るたびに、次に会った時はもっと優しくしよう、と思うのに。


とんだ我儘娘だ。


最後の留学地となったウェールズにいた時、父が仕事を引退した。

引退旅行、と称してイギリスを選び、湖水地方などを回って1日だけウェールズに立ち寄ってくれた。

ワーズワースアヴェニューという住所の当時住んでいたフラットや王立音大、そして隣のカーディフ城に行った。

ウェールズに来てから最初で最後の観光だった。

最初に京都から送り出してくれた時に比べると、横にいる両親はずいぶん年を取った。

12年、という時を思った。

第八章　サー・ジェームズ・ゴールウェイとの出会い

スイス・ゴールウェイとの出会い・そして日本へ～

リサイタルの前夜、食事を共にしていた際、「明日のリサイタル、楽しみにしてるね」と言うと、

「明日、君のために1曲演奏するよ。なんでも良いよ。何が良い？」とジミーさんが言った。

頭が真っ白になりながら

「私、〝ブライアン・ボルーのマーチ〟が良い」

と答えた。

でもそんな約束きっと忘れていると思っていた。

まさか、と。

リサイタル本編が終わり、アンコールが始まる。

ジミーさんのリサイタルはアンコールが長い。ここからがまたひとつの目玉であり、ファンの〝いつもの〟お楽しみだ。

1曲、2曲、3曲・・・ああ、やっぱり忘れているよね、でもいいや、あの瞬間そう思ってくれたなら。

と、思っていたら。

「最後に2曲アイリッシュの曲を演奏します。ブライアン・ボルーのマーチとダニー・ボー

イです」

！！！！！！


聴いているうちに涙がぼろぼろぼろぼろ流れてきた。

もちろん演奏してくれたことはこの上なくうれしいことだが、子供のころから聴いていたおひげのおじさんのフルート奏者。

父が海外出張のたびにCD買ってきてくれた。

留学先の大学に来て、私のピッコロ演奏を聴いて認めてくださって、スイスのマスタークラスに招待してくださったこと。

どの国でも音楽院の小さなレッスン室で「どうしたら、どうしたら、どうしたら」といつも考えながら練習していたこと。

出会って以来、夫婦そろってとてもかわいがってくださっていること。

今でもいっぱいいっぱい、悩みの中で生きているけど、出会えたことにつくづく感謝を感じていること。


ああ、アイルランドの茫漠とした景色の中をブライアン・ボルーが風を切って進んでいく。

私はこの曲を聴いたり演奏したりするときいつもその風景を思い浮かべる。

（ブライアン・ボルーは11世紀のアイルランドの王様の名前。アイルランドを支配して

いたバイキングに勝ちその後100年の平和をもたらした）

最後のダニー・ボーイ（ロンドンデリーの歌）の音色や息づかいまで感じながら、ふと隣の女性を見るとその方も泣いている。

その横の男性のお客様達も「さすがだよなあ」

「ダニー・ボーイ吹かせたらゴールウェイしかいないよなあ」と言い合っていて。

あのときあの場所にいたひとたちと幸福な時間を共有できたこと。を、心から嬉しく思った。

この時、この会場しか味わえない一生に一度の感動を共有するのが生演奏を聴く本当の醍醐味だと思う。

それまでも、ヨーロッパから帰国して以来、来日のたびにお会いして、指導の通訳や、プログラムノートを書かせていただいたりしていたが、帰国して7年目のゴールウェイ夫妻の東京オペラシティでのリサイタルでのことだ。

世界最高峰のフルート奏者・サー・ジェームズ・ゴールウェイとの出会い

ウェールズ王立音大は、2009年はアニバーサリー・イヤーで、ぞくぞくと大音楽家が来校し、マスター・クラスや、演奏会がおこなわれた。

春学期が終わる週は極めつけで、サー・チャールズ・マッケラスが大学オケのためにベートーベンの第九の指揮を振り、そして、4月3日金曜日、春学期最後の日、なんと、フルート界の大巨匠、ジェームズ・ゴールウェイ氏が、マスター・クラスに現れた。

サー・ジェームズ・ゴールウェイ
アイルランドのおひげのおじさん。
サーの称号がつくほどのフルート奏者。
私も子供の頃から聴いていた大スター奏者。

そして私のヨーロッパ生活の最後に出会ったスーパー・フルーティスト。

世界最高峰とも呼ばれる大スター・ジェームズ・ゴールウェイ氏だ。

例えば、野球に興味がなくても、やったことがなくても、おそらくみんな、王貞治や長嶋茂雄の名前は知っているだろう。

それぐらい、いやそれ以上の世界的スター・プレーヤーだ。


学部からの5人の学生にレッスン。

曲はサンカンのソナチネやモーツァルトのト長調のコンチェルトなどだったと思う。

マスター・クラスというのはただでさえ公開で、人前でああしろ、こうしろと言われる緊張する場だが、この日はその緊張感もいつもとは全く違う感覚だ。

何せ目の前にいるのはあのジェームズ・ゴールウェイなのだ。

唯一のフルート科男子生徒で、何かと優遇されていると言われていたルークも顔を真っ赤にしている。平日昼間のマスター・クラスだというのに、聴講者でいっぱい。スーパー・スターのお出ましに、大学に滅多に来ない（?）先生、他楽器の先生達まで出席していた。

選出された学生が、あれやこれや言われながら演奏する姿に、かたや羨望、かたや「私、選ばれなくって良かった。絶対怖くて吹けないもの」と言っている学生もいた。


私はといえば、この学校に来て以来、パフォーマンスクラスなどでフルート専攻生の演奏を聴きながら、ずっと疑問に思っていたこと、こういう演奏には、こういう日課練習が必要なのでは・・・?と思う、全てのことを、ゴールウェイは的確にアドヴァイスしていて、聴講していた私は霧が晴れたようにすっきりした。何せここでは「学生」ではあるものの、もうすっかり経験と歳だけは重ねてしまっていたわけで。

しかしながら、学生が舞い上がり過ぎて、スター過ぎる彼の言ったことをちゃんと受け止めきれているか?　が最大のポイントだったが。


クラスの後に写真を撮っていただき、短いあいだに少しお話をすることができた。

「日本人か?どうして今日は演奏しなかったんだい?」と訊かれたので、「私、ここでは〝フルート専攻〟じゃないのよ、〝ピッコロを専攻〟しているの」というと、瞬間目が合い、お前、ピッコロ吹きか!と、瞬時にあのチャーミングなジミー・スマイルになり、〝今、楽器、持ってるか?〟と言われたが、持っていなかったので、その日は写真を撮って、少しだけ〝話〟をし、その日は、終わった。

翌日、ジミーさんはロリン・マゼール指揮、作曲の、コンチェルトの演奏が、カーディフのSt. David's Hallであり、素晴らしい、そしてチャーミングな演奏を聴いた直後、まだオーケストラ曲が残っているにもかかわらず、何を思ったか、ふらふらっと席を立ち、楽屋を訪ねた。

楽屋までのいくつかのドアをまるで私が来るのがわかっていたかのように係りの人が開けてくれて、ジミーさんのところまで連れて行ってくれた。

あの時の不思議な光景は今でも覚えている。

まるで夢のなかのような、すべての音が消えて、ゆらっとした不思議な動きで次々とドアが開くのだ。

まるでディズニーの映画のような動き。グリーンルーム（楽屋）に着くと、「おー、また会えたね。で、今日ピッコロは？」と、すかさず訊くジミー。

「持ってますよ」と答えると、

「please play for me」（演奏してください）と言うではありませんか。

昨日、少しだけ〝話〟をしたとき、今度はピッコロを持ってきて下さい、とは言っていたが、まさか自分の演奏をゴールウェイに聴いてもらえるとは思っていなかった。

突然の指令にそれから先は何を、何曲演奏したかは覚えていない。

暗譜で演奏できる曲をただひたすら演奏していた。

緊張した。

ジミーさんは何も言わずに帰り支度をしたり、鏡を見たりしている。

―カリスマ

我々の世界では専門的になればなるほど実はレッスンではほとんど何も言われない。その何も言われないけれど同じ空間で、ただただ自分の音に集中して演奏して自分の演奏を思い知る。それだけ。

諏訪内晶子さんが著書の中で、チェコの名ヴァイオリニスト、ヨゼフ・スークのレッスンを受けに行った際、諏訪内さんのヴァイオリンを聴きながら、スークはコレクションのミニチュア・カーの棚をひたすら飾ったりなおしたりしているだけで、何も言葉は発しなかったが、その空気の中でなぜか弾けてしまった、指先まで集中して、カリスマにはそういう力がある、と書いていらした。

もっとも私は突然の出来事で、「吹けてしまった」かどうかは本当に記憶にない。

しかし、一通り演奏を聴いたジミーさんはじっと私の目を見て、「スイスの僕のマスタークラスにらっしゃい。あなたを招待します。素晴らしいピッコロ奏者のレッスンが受けられるよ。フルートは僕と妻の前で吹きなさい」と。

全てが突然の申し出と展開に、呆然としながら、「ありがとうございます」と言うのがやっとだった。

そして、今度はアメリカツアーで、メーカーに献上されたという、ピッコロの頭部管を私のピッコロに合わせてくれて、演奏させてもらった。

「この頭部管どう思う?」

率直な意見を言わなくては、と思い、良いところも改善の余地があるところも、自分なりに述べた。

とても真摯に聞いてくださり、「秘書から連絡をさせます」と言い、ぎゅっと握手をして、笑顔でジミーさんは去っていった。

特別、ゴールウェイ　フリークではなかった私。

しかし、学内でのレッスンの内容とこの日の楽屋での指南と、なにより言葉の奥の奥を感じながらした会話と、素晴らしくチャーミングで温かい人柄と握手したときの手の温かさ。そしてあの眼光の鋭さ。

あまりの展開に驚愕はしていたが、その実、久しぶりに自分が心底笑ってるような気がした。

苦しいばかりの最後の学生生活だと思っていたが、正にピッコロが生んだ縁だ。

ここにピッコロを学びに来て本当に良かった。

このときばかりはそう思った。

～サー・ジェームズ・ゴールウェイのマスタークラス～

ウェールズで約束した通り、その夏、スイス・ウェギスでマスタークラスを受けた。

秘書のクリスティーナが、「あなたユカリね。サー・ジェームズがイギリスから電話をかけてきたのよ。良いピッコリストを見つけたから、連れて行くって」

到着するまで、夢じゃないだろうか?と半信半疑だったが、これを聞いて、初めてここに来て良かったんだと、自信が持つことができた。

スイスのウェギスというところで毎年おこなわれているこのクラス。

世界中からCDオーディションによって集まったメンバーだ。

スイスの山々を背に庭では民族衣装を着た男性が、アルペンホルンの演奏をおこない、スイス感満載だ。山と湖に囲まれた施設で夏の明るい光の中、ウェルカムドリンクやアミューズがふるまわれ、ウェルカムパーティーが行われる。

そして、毎晩行われる〝SHOW CASE〟と名がついたスペシャルゲストを迎えてのコンサート。

私が参加した年は、マイケル・コックス(ロンドン・フィルハーモニー)、アンドレア・オリヴァ(ローマ国立サンタチェチーリアオーケストラ)ステファン・ラグナー・ホスクルドソン(前メトロポリタンオペラオーケストラ、現シカゴ交響楽団首席フルート奏者)、マティアス・ジーグラー(現代音楽のスペシャリスト)などが毎晩コンサートを繰り広げた。色々な国やフルート奏者のマスタークラスを見たが、これほど豪華なしつらえのマスタークラスはない。

また、各楽器メーカーやリペア師が常駐し、1週間強の毎日が各楽器メーカーのフルート、ピッコロはもちろん、特殊管フルートを試奏できる。

これも、他の奏者のマスタークラスでは、その先生が懇意にしているメーカーが1日来てくれるかどうかぐらいだが、そういったところも、「世界のジェームズ・ゴールウェイ」

なのだと思った。

私はピッコロ枠で招待していただいた、半ゲスト状態だったが、なんと最後の日の朝に行われた、ピッコロの公開レッスンはジミー（こう呼ばないと彼は怒るのです）のご好意よって、私の為に行ってくださったと聞いて、身に余る光栄だった。

ピッコロの教授はフィレンツェ国立歌劇場の首席ピッコロ奏者のニコラ・マザンティ氏。このニコラと、スロヴェニア国立歌劇場首席ピッコロ奏者のマティアス・デベルジャック氏のコンサートも夜のSHOW CASEで演奏し、交互にソロとデュエットで1時間半のコンサートで、堪能させてもらった。

特に初演のニコラの演奏した作品は素敵な曲だった。

レッスン後、Brava!（ブラヴォーの女性形）と言ってもらい、嬉しかった。

土曜日は全員でフルート・オーケストラだったが、ニコラ、マティアスと3人で並んでピッコロを演奏させてもらったのは勉強になった。

とりわけ、お二人が咄嗟に私を立ててくださるように演奏してくれたのは、さすがの機転だった。

この二人ぐらいのキャリアになったとき、私もそういう演奏家になっていたいと思った。

連日朝から全員でウオーミング・アップ、日中はレッスンを聴くのが中心だが、自分の練習もする。

修道院の施設に皆泊まり込んでいるのだが、練習は筒抜け。

とりわけ、私はピッコロではげしくリーバーマンのピッコロ・コンチェルトを練習していたので、誰が何を吹いてるのかモロバレだったが、スロヴァニア人のエヴァ＝ニーナが「あなた、ピッコロ凄いのね。私そんなに吹けないわ」と言ってくれたが、このとき15歳だった彼女は現在ポルトガルのオーケストラで演奏している。

ゴールウェイのこのクラスから巣立った生徒のその後の活躍は素晴らしい。

私が帰国した後によくピッコロで演奏することになった『Dalen's Song』はここで出会ったエモアというアイルランド人の女の子から教わり、耳コピして覚えたものだ。実はこの曲、日本に帰ってきてから長らく、「The dark woman in the glen（渓谷の憂鬱な女）」と言う名前で演奏していたのだが、昨年エモアが言うには「ユカリ、あの曲の名前Dalen's Songだった」と言うではありませんか。

ケルト音楽（アイリッシュ）というのはそもそも楽譜が存在していない。日本の伝統音楽のように、人から人へ、街から街へ伝承されていく。だからその伝承されていく段階でメロディーが少しずつ変化していくのもまた味わい深くなる。

だから、おそらくタイトルも人から人へ伝わっていく時に、この曲のように間違って伝わることもあるのだと思う。エモア自身も知らなかった、と言っていた。

そしてそのアイルランド人のエモアから、スイスで聴いたメロディーを、日本で私がピッコロで伝えていく、なんて本当に愉快ではないですか。

そんなエモアは日本でも大人気の英国の少年合唱団リベラのオーケストラでフルートを演奏している。

このマスタークラスの良さは生徒同士が明るく、素直に誉め合うオープンなところだと思った。

ロケーションは抜群だったので、早朝からアメリカから来たメンバーはジョギングしたり湖で泳いだりのワークアウト。

フランス人はめいめい散歩に出かけ、お国柄がそれぞれ出る過ごし方をするなあ、と。

私はといえば、毎日、澄んだ空気に切り立った山々、真っ青な湖を見ながら練習し、夜は降って来そうな星を見上げながらうっとりしていた。

「スイスには文化がない。あるのはお金だけ」と言ったスイス在住30年以上の日本人フルート奏者がいたが、この景色そのものがスイスの財産ではないだろうか。

スイス・ウェギスでのサー・ジェームズ・ゴールウェイ氏マスタークラスのウェルカム演奏はアルペンホルン

マスタークラスの宿舎の窓から見えた景色

世界的フルート奏者のサー・ジェームズ・ゴールウェイ氏と

ウェギスは島なのでルツェルンから船で渡ります。美しい湖

Farewell party

2009年はサー・ジェームズが70歳のお誕生日を迎えられる年だったので、最終日のフェアウェル・パーティーでは金のフルートを模した、誕生日ケーキが運ばれてきて、セレブレーション・イヤーとしてお祝いされた。

最終日の〝SHOW CASE〟はもちろんゴールウェイ夫妻。

その後は全員でフルートオーケストラ、また、仲良くなった者同士でアンサンブルを繰り広げる。

そのうちゴールウェイ夫妻が手をとりあって踊り出す。

日本で言う、古希のこの年に参加でき、お祝いができて、光栄だった。

明朗な故ランパルに知的な故シュルツ、今ならきっとパユなど、いっぱい優秀な演奏家がいて、みんなそれぞれ自分のお気に入りや、好みの演奏家がいると思う。私もそうだ。レパートリーにもよるし、音色も様々で、解釈も勿論分かれる。

まだ何もわかっておらず、生意気だったころは、人の意見に左右されて、

「＊＊なんて聴いてるの？」

「＊＊なんて好きなんだ」と言ってみたり、逆に言われて動揺したりしたが、ここまでやってきて、はっきり言えるのは、演奏家それぞれ持ち味があり、解釈があって個性があることを素直に認めるということ。好みは別の問題で、音楽的に絶対にやってはいけないことをちゃんと理解して演奏していれば、その上で自分らしい演奏をしている奏者が素晴らし

いのではないのか、と思う。

そしてそれが一番難しく、大事なことだと思う。

そして、ただ言えるのは、完全なソリストとして「これがジェームズ・ゴールウェイ節だ！」という歌いまわし、演奏が出来る、やはり特別な「スーパー・ソリスト」だと思う。

私は幸いにも、各国を代表するフルート奏者に師事してきたが、私の長いヨーロッパ音楽修行の最後に学ぶことになったところで、各国どころか、世界を代表するフルート奏者に出会うことになった。

ウェールズでの全ての学びを終えて、最後のヨーロッパの夏に、スイスのウェギス島からルツェルンまでの船の上で風に吹かれながら、〝次の国〟のことを考えていた。

この頃には帰国するたびに演奏会をさせていただくようになっていた。

12年前に日本を発つ際は、帰ることなど考えてもいなかったが、近年帰国して演奏させてもらうごとに、日本の、そして京都の素晴らしさ、なにより、どこの国よりも「新鮮さ」を感じるようになっていた。

ふいにこの言葉を思い出す。

〝・・・僕は生まれ変わったら、日本人になりたい。
そして、神道を勉強して、毎週金曜日には相撲を見ます〟

そして、〝日本を忘れてはいけませんよ。日本はいい国です〟と。

〝北の魔術師〟と言われた、デンマーク時代の先生のその言葉は、当時彼の家で聞いたときにはまだまだヨーロッパへの憧れの強かった私は、それでも、それは遠い、たとえば、美しい詩のように聴こえた。

しかし、デンマークから離れてこの時既に10年が経ち、その後、チェコ、ベルギー、再びイギリスで勉強、活動してきた私が、自然と向かった〝次の国〟は日本だった。

12年。

大人になってからのほとんどの時間をヨーロッパで過ごした。

〝住む〟ということは、住んだ事がない人には想像がつかないほどの〝日常〟が溢れている。私にとってのヨーロッパはすでに、〝外国〟ではなく、地球上のひとつの街、という感覚になっていた。

アングロサクソン、準ゲルマン、スラヴ、そして最北端のラテン国、と民俗もほぼひとまわりした。

各国言葉も違うし、文化も違うし、習慣も、行政も、医療も、法律も違う。

でも、私の、子供のころからこれまで取り組んできた音楽、そして、人の感情は万国共通で、どこに行っても繋がっているものだ。

その奏でた音楽は良いか悪いか、好きか嫌いかで、「私の音楽は私だけのもの」なのだ。そして、それがどこでも、どの国でもその私の音楽を聴いていただいた方と共有する、それで良い、そういう境地になっていた。

日本に、京都に「行こう」と思った。

帰ろう、ではなく。これまで暮らしてきた国のように、新しい国に行くつもりで。

そして私の12年の長い長い留学生活を終えた。

世界のビール小話　～イタリア編 イタリアワイン～

番外編イタリアワイン。

イギリスにいるとき、トレヴァー・ワイのマスタークラスで一緒になった、イタリアからの受講生の女の子にイタリアのバローロから来た女の子がいた。


二十代前半のまだワインの蘊蓄などわからない（今でもわからない）日本から来た私は、このときの会話でバローロのワインは美味しい、という知識を得る。

私はブームや知識としてワインやお酒の味を覚えたたわけではなく、いつもヨーロッパの生活の中で自然に覚えた。

だから、バローロといえば、イタリア人の女の子とイギリスの夏の庭で食事をしながら話した光景、が一番の味となっている。

このクラスにはクリフォードもいて、彼のレッスン後イタリアワインのミネルヴァを一緒に飲んだこともあった。

イタリアのコンクールで優勝した日の夕方も、ホテルのレストランで一人、ハーフボトルの赤ワインを頼んで飲んだ。

深くて安らかな気持ちになる。

第九章　再び京都へ

西洋の横笛奏者（ピッコロ・フルート）が〝陰陽師〟を演奏する

有佳里と言う名前は安倍晴明ゆかりの（・・・）晴明神社で名前を頂いた。

京都に生まれた子供で「晴明さん」に名前をいただくのはそう珍しいことではなく、また、亡くなった祖母は父と母が結婚する前に「晴明さん」に相性を視て頂いたりもしたそうだ。結果は・・・50年以上連れ添っているところをみるとどうやら確かなものらしい？これぞ陰陽五行、安倍晴明。

ちなみに山村家の家紋は左三つ巴で、確認はとれてないが、どうやらどこかしらで神事にまつわる家系かもしれない・・・ということもあって神社は魅かれてやまない。

亡くなった山村の祖父が神社を巡っては自分なりの評伝を残していたが、今、自身が神社を訪ねていると、道中よく「おじいちゃんもこうやって歩いてたのかなあ」と思う。

そんな私が12年のヨーロッパ生活の後に小説『陰陽師』の作者、夢枕獏氏と出会うことになるとは、縁（ゆかり）とはつくづく不思議なものだ。

そもそも、西洋の横笛・皆さんもお馴染のフルートは、例えばオーケストラではハープと共に「神の啓示」を表す場面で使われることが多い。

また、19世紀フランスの貴族のあいだでは、男性はフルート、女性はハープを習うのが当時の〝貴族のたしなみ〟だったらしい。

フランスに限らず、ドイツのフリードリッヒ大王（Ⅱ世）（１７１２―１７８６）は数々の作曲家クヴァンツ（１６９７―１７７３）にフルートを習っていたから、やはり貴族的な楽器だったようだ。

日本の雅楽演奏も貴族のたしなみだった。源博雅が生まれた時「天上に笛、笙、琵琶、鼓による不思議な音楽が聞こえた」という逸話があるそうだ。

フルートの代表曲といえば、ドビュッシーの『シランクス』であるが、この曲はギリシャ神話をもとに妖精にして女神アルテミスの従者シランクスが半獣半身の牧神パンに一目ぼれされて川のほとりまで逃げるが行き場を失い川の妖精にお願いして川原に生えていた葦《あし》に姿を変える。葦になったシランクスの調べに酔いしれたパンはその葦を折って葦笛パンフルートを作った、というガブリエル・ムーレ作の未完劇『プシュケ』の付随音楽である。

このように東洋と西洋で笛・フルートはとても「神秘的」な楽器として捉えられていたことが興味深い。


ピッコロはそのフルートの約半分以下くらいの長さで、音域はフルートより1オクターブ高い音域まで演奏可能で、オーケストラでも最高音を鳴らす。

相当甲高い音、と思われ、事実なかなかシャープな音を出すのだが、実は日本人には馴染みがある音域である。

なぜなら、日本の雅楽器、邦楽器の横笛、龍笛と同様の長さ、つまり同じ音域だからだ。

〜一行《いちぎょう》の賦（ふ）との出会い〜

夢枕獏氏の代表作品の一つで、映画化もされた作品に『陰陽師』がある。

その中で晴明の友達、源博雅が演奏するところの、芝祐靖作曲『一行の賦（いちぎょうのふ）』がある。原曲はもちろん龍笛のための作品で芝祐靖氏が自ら演奏している。

和楽器の特徴として、譜面は数字譜で書かれている。

しかし、この『一行の賦』を西洋笛や、五線譜で、そしてピッコロで演奏出来たら。

楽譜は出版されていないのか。

あんなに空前の大ヒットとなった『陰陽師』の曲だ。

きっと楽譜が出版されているに違いない。

楽譜屋さんに聞いても、インターネットで毎日毎日調べてもその情報は出てこない。

どうやら出版はされていないようだ。

調べているうちに、陰陽師マニアや龍笛マニアのブログに行きあたり、またそのコメント欄まで読み進んでいくうちに、「芝祐靖先生が、自ら五線譜に直した〃一行の賦〃があるらしい。その楽譜は販売しているのではなく、芝先生が立ちよった和楽器専門店に無料で置いて行くらしい」という記述にぶつかった。

・・・なんと！

しかしながら、どうやら芝先生は「気まぐれに」置いて行かれ、どこのお店かもわからない。とりあえずそれに関する記述はない。

もちろん芝祐靖先生のホームページも検索してみたが、芝先生のホームページがない。

教鞭を取っていらした東京芸大に問い合わせるべきか、雅楽器協会のようなところに訊いた方が良いのか・・・考えあぐねているあいだに日が過ぎて行ったが、忘れたことは一度もなかった。

そんなある日。

フルート専門誌『THE FLUTE』を発行しているアルソ出版に赴く機会があった。東京の目白にある出版社に向かってあるいていると、ふと見上げた先にとある「和楽器店」の文字が。


もしや。と思ったその瞬間。その和楽器店の階段を上っていた。

一通り自分で店内を見渡した後、思い切って店員の男性に訊ねてみた。

「芝祐靖先生の五線譜の〝一行の賦〟はありますか?」

ああ、と店員さん。

「うちにはありませんが、置いているお店を知っていますよ」

「!!!!!」

その場でお店の連絡先を聞き、すぐに連絡をしてみると、京都まで郵送してくれるという。

数日後、和楽器店の名前が入ったグレーの封筒を開けると、五線譜に記された『一行の賦』が・・・!

よし、これでこの曲が演奏できる・・・!

手に入らなかったら聴音(耳コピともいう)するしかないと思っていたけれど。正確な楽譜をこのような不思議な引き寄せで手に入れた私はこれを機にピッコロでこの『一行の

夢枕獏先生の素晴らしい朗読に芝祐靖作曲一行の賦をピッコロで演奏
写真　中村義政

賦』を演奏することになる。

　そして親交のあった、夢枕獏氏の朗読に合わせてこの曲を披露させて頂いた感激はひとしおだった。獏先生は、懇意にしているエンジニアさんと奥様を通じて、演奏、レコーディングをしたことのある私が、下鴨神社をご紹介させて頂いたのが縁だが、陰陽師についての朗読ではなかったが、急だったにもかかわらず先生の書かれた散文を読んで頂いた。遣唐使の時代の散分だったが、先生が読み始めた瞬間がらっと会場の空気が変わる。それはそう、陰陽師の時から遣唐使が不思議と交差するかのように。会場のお客様達も聴き入り、大喜びだった。

　しかし本当に何故獏先生はあんなに朗読がお上手なんだろう・・・小説家なのに。

～笛の歴史と特徴～

「フルート・ピッコロってどこの国のものですか？」の質問は質問する方はわかりやすく、答える方はややややこしい。（〝や〟多いな）なぜならフルート・笛そのものの発祥は動物の骨や角からヨーロッパ各地ではじまり各々発展していったからである。最初に発掘されたのは確か約4万年前のネアンデルタール人のものらしい、スロベニアで発見されたアナグマの骨で作った横笛らしい。

龍笛がシルクロードを経て、ヨーロッパでフルートになったという説もあるが、実は起源は定かにはなっていない。

ただ、雅楽で使用する龍笛は西域シルクロードを仏教と共に渡来してきたといわれている。

それがピッコロの場合は場所によってファイフになり、ヨーロッパで古代から演奏されており、特に軍隊の鼓笛隊で使用されていたのが次第にピッコロにとって代わられたという。

マネの絵画『笛を吹く少年』はピッコロと思われていることが多いが、時代的にもまだピッコロが出現する前なのでおそらくファイフであろうと推察されている。

ピッコロはイタリア語で小さい、という意味であるが、実際イタリアではピッコロは「フルート・オッタビーノ」（意：オクターブ高い）と呼ばれ、ドイツでは「クライン・フルート」（意：小さいフルート）になる。

フルート、という言葉はもともと私たちがリコーダーと呼んでいる縦型の笛のことで、フルートの前進楽器の横笛は「フルート・トラヴェルソ（横向きの）」とわざわざ呼ばれていた。フルートの今の形になったのは19世紀にドイツ人フルート奏者で製作者でもあったテオバルト・ベームがそれまでの木管でワンキーのフルート・トラヴェルソに改良を加え、宮廷から街の劇場へと会場も大きくなっていったことも伴い銀管の音量の出る楽器を考案して今日に至る。

ここで、西洋の横笛（フルートとピッコロ）と東洋の横笛（龍笛・能管・篠笛）の特徴をご紹介。

フルート　材質　洋銀・銀・金（9金・14金・18金・24金）プラチナ、木製など。
特徴　長さ約65㎝　400グラム〜500グラムくらい。
円筒型　音域　4オクターブ
金は華やかな、銀は上品で知的な響き、洋銀は軽くて音が飛びやすいのが特徴。もちろん材質が高価なほうがすごい、とは限らない。ルイ・ロットやボンヌヴィユといった名工が作ったアンティーク・フルートも人気。あくまで奏者の実力次第

ピッコロ　材質　黒壇　グラナディラ　ローズウッドとよばれる固い材質の木。
特徴　長さ約30㎝フルートより1オクターブ高い音域、5オクターブ目が出せる。ただし、記譜上は同じで実音が1オクターブ高くなる。

オーケストラの楽器でも1番高い音が出せる。フルートがド（C）から鳴るのに対し、ピッコロはレ（D）から始まる。
＊ゆえに大ソリストにもなれるが大破壊者にもなれる　周りを難聴にすることもできる。
円錐型　音程がやや不安定でフルートと大体逆の音程感

龍笛

全長約40㎝　円筒型　竹　音量を高めるために管の中に鉛をいれたり外側に樺や藤を巻いたりしている。
雅楽に使用。雅楽で冒頭に演奏されるは龍笛。
映画『陰陽師』で源博雅が演奏していたのがこの龍笛
雅楽では、高麗笛、神楽笛という横笛も使用される

能管

全長約40㎝　円筒型　竹
喉という特別な工夫がされていてわざと旋律が吹けない様になっており、お化けが出てくる時に流れるひゅ～どろどろ・・・という特徴のある音が表現できる。キーはない。能楽に使用

篠笛

全長約36㎝～51㎝　竹に漆加工
音域に合わせて長さの違う笛を使い分ける。
歌舞伎や日本舞踊など用途は広い。ちなみに夏祭りのピ～ヒャララは篠笛

歌舞伎や日本舞踊であの世の存在・幽霊を表す時も能管でひゅ～どろどろ・・・と指をずらせながら息を上げ下げして表現する。

そして、和楽器とは雅楽器（龍笛）と邦楽器（尺八や篠笛）の総称であるが用途は違い、同じカテゴリーの楽器ではない。

またピッチ（音程）も全然違い、西洋のフルートと違って音程が変えられないため、同じ「笛」といっても和楽器で使用する楽器は一緒に演奏することは出来ない。

また、和楽器の笛はほとんどタンギング（舌つき）がないのに対して西洋のフルート・ピッコロはタンギングをして発音する。

しかし、面白いことに共通している技法を指す用語もあって、メる（しめる）は少しニュアンスは変わるが西洋の楽語でいう、rit.（リタルダンド＝だんだん遅く）という場合に使われ、スル、スリアゲはある音から息を上げ下げして奏でる、ポルタメントやクオータートーンというフルートの現代奏法の様なものを指しており、それによって尺八でいう、ムラのような音や、そう、あの能管の、ひゅ～どろどろ・・・といった奏法も可能なのだ。

このようにピッコロと龍笛をはじめとする東洋の笛は、その長さで音色や響きが近く、そして技術面でも同じエアリードなので出来る奏法は限りなく近いことがお分かりいただけただろうか。

東洋の笛は言わずと知れた、隠れていた天照大神《あまてらすおおみかみ》さまが神楽の音が聴こえて来たのをきっかけに天の磐《いわと》を押し開いて出てこられた、という。

源義経が吹いたという、「蝉折《せみおれ》の笛」という高麗笛が石川県須須神社にあるのだが、これは宋朝から鳥羽天皇に贈られたもので、特別な笛だったが高松中納言が気軽に膝の上に置いたものが落ちてしまい、咎めた笛が、節のところで折れてしまい蝉折の笛となづけられた笛がある。

興味深いのが西洋の笛も東洋の笛もどういうわけか、神様や霊界と関係があり、やはり笛のもつ、元来の根源的な音はどこかその神秘を感じさせるのかもしれない。

そして私自身もその笛の音に魅かれてここまできた人間に違いない。

ちょうどハーメルンの笛吹き男の音について行ってしまった子供のように。

ラジオ交流史~音楽・文化芸術の交差点~

ラジオ番組『山村有佳里のミュージック+プラス』をスタートして4年が過ぎ、5年目がスタートした。

もともとは、帰国リサイタルをするにあたって、告知をさせていただくために、79・7京都三条ラジオカフェ（以下ラジオカフェ）で日曜朝に放送されていた、ゆうさんこと、河村由美子さんの番組『YU's TIME』（現在休止中）にゲスト出演させて頂いたことがきっかけで、隅井孝雄さん『Music Now!』中野有さん『シンクタンクジャーナル』などなど、ラジオカフェの番組に沢山出演させていただいていた。

そんな折、ゆうさんが番組放送50回を記念して京都ホテルオークラで、局の関係者、これまでのゲストを招いてのパーティーの帰りに、当時の局長時岡浩二さんに「山村さん、良かったらうちで番組を持ちませんか?」と声をかけて頂いたのがきっかけだ。

とはいえ、その時は有り難く興味深い話ではあるのだが、即答できずに日が経って行った。

2年ばかり経過した頃、普段から応援してくださっている方々が、「普段コンサートに行くことが出来ない方々にユカリさんのフルートとピッコロの音楽を聴いて頂ける方法はないか」とのご提案により、それなら、とラジオ番組の話を思い出し、話してみたら、その方たちの会社が製作協力をして下さることになり、急転直下、番組をスタートすることになった。

音楽家だけでなく、色んな分野の方をゲストにお招きしたいと思っていたこともあり、番組名は『山村有佳里のミュージック+プラス』になった。

キャッチコピーは「京都から世界へ〜音楽・芸術文化の交差点」となり、そのまま番組冒頭のご挨拶として毎月発しているが、とても気に入っている。

私自身は実はラジオを聴く習慣もなかったのだが、イギリスに居たころは学内にラジオステーションがあって、いつでもコミュニティ放送が流れていた。

日本でのラジオといえば、小学生や中学生のころ、まだ寒くて暗い中寝ぼけ眼で起きてくると、母が台所でNHKラジオを聴きながらお弁当を作っているときに聴いていて、それを朝ごはんを食べながら聴いている感じだった。

兄とご飯を食べながら聴いた「みんなの歌」や、アナウンサーの柔らかい語り口、たまにパンフルートが流れると〝あ、ユカリちゃんの好きなザンフィルよ〟と母が教えてくれた。


もともと平日のお昼間の放送にしようと決めていた。

演奏会は土日に開催されることが多いが、お商売をされている方やご病気の方はなかなか足を運んでいただけない、というのがあったので、そういった方にも楽しんでいただけたら、という思いでこの第一火曜14時の午後の時間にした。

22時からの再放送は海外の方々からも聴いていただけているようで、私が把握しているだけでも、ドイツ、スペイン、スウェーデン、カンボジア、韓国とさまざまな国から「聴いてますよ」とメッセージをいただいて励みになっている。


サイマル放送なので、コミュニティ放送といっても、今は世界中どこでもスマホやパソコンで聴いて頂ける。そして、動画保存をしている放送回はいつでも再生可能だ。


お孫さんを迎えに行って、幼稚園から出てくるのを車の中で待っている間に丁度聴けるんです、とか。また、レッスンを休止されている方が「先生のラジオを録音して毎朝通勤時間に聴いているんです」とか。

京都市内だけど家の中の電波が弱くて、わざわざ移動して車の中で聴いて下さっているご夫婦だとか。

皆さんのどんな日常の中に自分の音楽や声が届いているか、という画（え）が見えて、そういった声をいただくことが、そしてこのたった15分の放送の声を聴いたり、音楽を聴いて励みになることもあるんだなということを知ったことが大きな魅力だ。

とはいえ、絶対そこにいて聴いて下さい、とは思ってない。

ラジオもテレビも気楽に、「あ、今日はそういえば第一火曜だったな」とタイミングが合えば、という感じだ。

それがこういう媒体の魅力だからだ。

ＦＭ79・７京都三条ラジオカフェは京都市中京区、下京区を中心に放送区域とする超短波放送で、放送対象地域による基幹放送であり、「地域密着」、「防災および災害時の放送」がコミュニティ放送の特徴という役割を担っている。

実際に私が番組を担当するようになってから、北摂の地震、洪水、と災害に見舞われている。北摂の地震の際は、ゲストが指揮者（大阪フィルハーモニーオーケストラ、セントラル愛知　常任指揮者）の角田鋼亮さんのはずだったが、交通機関が止まってしまい、その回の放送のゲスト出演は見送らせていただき、後の放送回にご出演いただいた。

そして本書を書いている今はコロナ禍の影響で、３～10月はゲストを迎えられず一人でお届けした。番組と番組の間には、防災や、コロナ関連の情報を流している。

震災のときもそうであるように、ラジオのトーンで静かに必要な情報だけを得たい人たちには人気があり、私も落ち着いて聴くことが出来るので気に入っている。

ラジオというのは視覚重視でなく聴覚重視なので、「画（え）」ではなく「音」に集中するのも音楽と似た感性だと思う。


「本は疲れるしCDも同じものを聴き続けるのはときどきしんどい。でもラジオは時間がくれれば毎回違うお話をしてくれて違う音楽をかけてくれるのよ」

どなたかの入院中の言葉だったと思う。


2016年2月に番組をスタートして、毎月、時にはゲストをお迎えして、時にはソロでお届けし、試行錯誤しながらも少しづつ慣れてきた頃、祖母の容態が悪くなってきた。

膵臓癌だと既に宣告を受けていた。

だんだん家の中でも動き回ることが難しくなってきて、殆どベッドに横たわっているようになった。

音楽が大好きで、孫娘の演奏会に足を運ぶことを楽しみにしていてくれた。

祖母に少しでも元気になってほしくて番組の動画保存を祖母に観てもらった。ちょうど、9月ゲストのギタリスト・松尾俊介さんの回で、一緒にヴィラ＝ロボス『ブラジリアン・バッハ第5番』を演奏した回だ。

細い手でグッと私のスマホを握りしめて画面を凝視して音楽に聴き入っていた。

観終わったあと、「いいな。こんなにきれいに映るんやな」と笑顔で言った。

その後、ほどなくして緩和ケア病棟に入院することになり、その後2回の放送は病室で聴いてもらった。2回しか聴いてもらえなかったのは、11月20日に息を引き取ったからだ。

奇しくも私がプレゼントしたパジャマを着て。そして11月20日は私がイギリスに居たころに亡くなった、祖父と同じ命日だ。

夫婦で同じ日に旅立って逝ってしまった。

12月の放送も聴いてもらえなかったのは大変残念であるが、最後に聴いてもらった、11月の放送は、祖母がまだ女学生だった頃、姉妹で聴いて、歌っていたという、グノーのセレナーデを、ゲストのリュート奏者（番組では19世紀ギターを演奏）の佐野健二さんとソプラノ歌手の平井満美子さんにお願いして一緒に演奏・歌っていただいたものを聴いてもらうことが出来、自分がラジオ番組を持つことで、また、残した動画を観て、少なからず力を持つ人の姿をみることが出来た。

あっという間の4年だったが、私にとっては他で嫌なことがあっても、どんなに忙しくても毎月1回第一火曜が来ればとりあえず、とりあえずリセット、仕切り直しをして、また新たな1ヶ月を迎える、という良い区切りになり、それは私自身もこの番組がそのような存在になるとは想像していなかったのでそれも自分にとっての発見・魅力となった。

本当に色んな地方の方から聴きました！とメッセージをいただき、最初に一人でブースに座ったときは、演奏会の時はお客様の表情を見ながらお話しできて、それはなんてありがたいことなんだろうと思ったが、放送直後から「聴いたよ！」「良かった」「素敵だった」といったメールを沢山いただいて、本当は「一人じゃない」んだな、と感謝の気持ちでいっぱいだ。


そして、感謝といえば、快く出演を引き受けて下さった、ゲストの皆様。

多彩過ぎて、京都三条ラジオカフェを代表する（？）番組の一つだと自負している。

しかし緊張のせいか、番組中に「～ですよね？」と問いかけた際に、ただ黙って頷く人がいて、非常に、困ります・・・

ラジオですからね、15秒黙ると放送事故です。

沈黙は敵です・・・

そして番組に出演していただいたゲストの中から、私が京都に帰って来て、「京都から世界へ」を感じさせて頂いたゲストのお二人のご紹介です。

宇高竜成さん（金剛流能楽師シテ方）
2019―11―10A

山村：約650年前からのお能の歴史の流れがあるとかないとか・・・すごいですね、秀吉の時代からですよ？
宇高：ルーツとしてはもっと昔からあるのですが、今の形になって650年・・・形が変わらないというよりは、どんどん変遷されて今に伝わってきています。
山村：平安時代から？
宇高：それぐらいまでさかのぼることは出来るんですが、650年前に何が起こったかというと、観阿弥・世阿弥という人が足利義満に目をかけてもらって武家がパトロンとなって能を盛り立てていくという大きな変革がありました。
山村：秀吉の時代にはもう能舞台のデザインが生まれていて、明治時代にはオペラハウスができたころですよね。西洋で言ったら、丁度ベートーヴェンが教会だったり宮廷から出てきて大きな劇場で大勢の人に聴いてもらって、そして楽器も大きな音が鳴らせるようになってきたんですが、なんでもそのころ日本にもスペインの宣教師がいらしたとか？
宇高：ルイス・フロイスっていうスペイン人の宣教師が鎖国時代の日本に来てお能を観たのを記事に残しているのですが、まずはお能を西洋からみた時には謡いの声はすごく汚い声、おっかない声を使っていると、舞を舞っている人は舞台をぐるぐる回って落とし物を探しているようだと・・・

山村：・・・
宇高：でも、ルイス・フロイスが侍にグレゴリオ聖歌を披露したときに、なんてへなちょこな声だ、と称した、と・・・
山村：ああ！喉を絞めるとか開くとかの違いなんでしょうね。
宇高：そうでしょうね。
山村：私は西洋のフルートを演奏していて、普段きちんとタンギングをすることをこころがけて演奏するのですが、日本の龍笛や能管って、発音をはっきりしないんです。この場合は逆になるのですが、そういうところもちょっと声の出し方と似ているのかなと思いますよね。

なんとお正月の放送回でした。この放送では宇高さんに『老松』を謡っていただき、私がピッコロで梅林茂作曲『ＳＥＩＭＥＩ』を能管に模して演奏しました。宇高さんに「能管にしか聴こえない！」と言っていただき光栄でした。宇高さんは素晴らしいバスのお声の持ち主で、その迫力に打ち合わせの喫茶店に居合わせた外国人のお客様に流暢な日本語で「あなたの声は響きすぎる」と注意（？）されていたのが楽しい思い出です。

ドラ・トーザン（Dora Tauzin 国際ジャーナリスト）
2019―2―5OA

日本の社会のベースは「和（ハーモニー）」で、フランスの社会のベースは大反対に「個人の幸せ（インディビジュアリティ）」

『フランス人は年をとるほど美しい』（大和書房）など多くの著書があり、国際ジャーナリストとしてフランスと日本のかけ橋としての活動が評価されフランス政府からレジオン・ドヌール勲章シュヴァリエを受勲されたドラ・トーザンさんのゲスト出演の際の言葉。「フランスは個人が個人で幸せだったら周りも幸せ、でも日本はまず「和」があってからの自分、個人の幸せは最後だからちょっと順番が反対。一番問題だとおもうのは「自分の時間」をもっと大事にしたほうが良い。「自由に生きる」ことは大事、年齢とか関係なく自分らしく生きる、社会のプレッシャーとか関係なく自分の意見を言える、自分でチョイス（選択）出来るような生き方をすることが大事だと思います。それにはやはり「自信」をもつ必要がありますが」

私がデンマークで感じたことと共通している。

この回ではドラにジャック・プレヴェールの『私は私』の詩の朗読に私のフルート演奏でフランス人作曲家フェルーの『恋におちた羊飼い（Bergere Captive）』をお届けしました。Captive は（刑務所や監獄に）捕虜・囚われる、の意味でドラにとっては不思議なタイトルのようでした。兵役経験のある作曲家なのでおそらく掛け合わせているのでしょう。
でも、「恋におちる」＝「とらわれる」ってことですもんね。

宇高竜成さん、ドラ・トーザンさんが仰っていたこと、そして私自身が演奏家として思うことは、忙しい日常の中でも、オンとオフの時間を切り替えて、例えば休日に着物を着てお能を観に行ってみたり、仕事のあと一人でアペリティフを楽しみながら今夜は何しようかな？という時間を持ったり、その後音楽会を愉しんだり、といった「自分の時間」と「自分〝は〟何が好き」を大事にしてほしい、という事でした。
この私の番組も皆さんのちょっとした日常の＋プラスになりますように。

宇高 竜成
能楽師シテ方金剛流　昭和56年生まれ
二十六世金剛流宗家・金剛永謹、及び父・宇高通成に師事。
初舞台は3歳。子方時代を経て、プロの能楽師となる。
舞台活動の傍ら初心者にもわかりやすく楽しめる「能楽ワークショップ」を企画し、パリ、韓国、アメリカなど海外でもワークショップを行う。
現在京都を中心に活動中。令和元年度京都市芸術新人賞

ドラ・トーザン Dora Tauzin
国際ジャーナリスト、エッセイスト
フランス・パリ生まれの生粋のパリジェンヌ。ソルボンヌ大学、パリ政治学院卒業。国連本部広報部に勤務ののち、NHKテレビ『フランス語会話』に出演。日本とフランスの懸け橋として、新聞・雑誌への執筆、テレビ・ラジオのコメンテーター、講演会など多方面で活躍。著書に『愛される男の自分革命』『フランス式いつでもどこでも自分らしく』『パリジェンヌはいくつになっても人生を楽しむ』などがある。２０１５年、レジオン・ドヌール勲章を受章。

金剛流能楽師　宇高竜成さんと。奥様も女流能楽師

フランス人国際ジャーナリストのドラ・トーザンさん　日本語お上手

〜これまでの番組ゲスト様〜

2016年

2回　亀井貴幸（クラシックギタリスト）
3回　大田智美（アコーディオン奏者）
4回　奥田恭子（ハープ奏者）
6.
7回　出野徹之（元関西テレビアナウンサー）
8回　松尾俊介（クラシックギタリスト）
9回　佐野健二（リュート奏者）平井満美子（ソプラノ）
10回　芹田健太郎（法学者 神戸大学名誉教授・元ノートルダム女子大学学長）
12回　榛葉健（映画監督　MBS毎日放送プロデューサー）

2017年

15回　西浦豊（大阪交響楽団ファゴット奏者）
16回　安東元（大蔵流　狂言師）
17回　若代孝三（クラリネット奏者　元神戸女学院大学・相愛大学教授）
18回　藤田裕之（元京都市副市長・京都国際交流会館館長）
19回　茂木大輔（指揮者・元NHK交響楽団首席オーボエ奏者・東音大助教授）
20回　松尾翠（元フジテレビアナウンサー・フリーアナウンサー）
21回　圓城三花（フルート奏者）
23回　藤井泰子（ローマ在住・ソプラノ歌手）

２０１８年

24回　小谷口直子（京都市交響楽団首席クラリネット奏者）
25回　吉田剛士（ポルトガルギター・マンドリンデュオ　マリオネット
マンドリン奏者）
26回　芦辺拓（推理小説家）
28回　林忠行（元京都女子大学学長）
29回　木村幸比古（元京都霊山博物館副館長）
31回　角田鋼亮（大阪フィルハーモニー管弦楽団・セントラル愛知常任
指揮者）
33回　平沼有梨（作曲家）
34回　タンゴグレリオ（ギター&バンドネオンデュオ　米阪隆広、星野俊路）
35回　茂山千之丞（大蔵流狂言方能楽師）

２０１９年

36回　宇高竜成（金剛流能楽師）
37回　ドラ・トーザン（国際ジャーナリスト・シュヴァリエ章受勲）
38回　高泉淳子（役者　遊機械オフィス）
39回　今村康子（囲碁講師　平安女学院大学非常勤講師）
40回　北沢美白（面司）
41回　松田亜有子（クラシック音楽プロデューサー）
42回　浅村朋伸（仏師）

2020年　47回　三河かおり（京都精華大学准教授　漫画編集者）
48回　近藤浩平（作曲家）

ご出演後、亀井貴幸さんはご結婚、奥田恭子さん、松尾翠さんご出産、タンゴグレリオの米阪隆広さんもお父さんに、当時の茂山童司さんは三世千之丞をご襲名、宇高竜成さんは京都市芸術新人賞受賞、芹田健太郎先生は紫綬褒章受勲、角田鋼亮さんは芸術創造賞受賞と、もともと素晴らしい方たちがどんどん幸せになっていかれて嬉しいです。

ゲストの皆様ご出演どうもありがとうございました。

第十章　長岡京市文化功労賞

長岡京市文化功労賞　～故郷再見～

〝わがまちに一輪の文化の花が咲きました〟という美しい文言で始まる賞状を演奏会とは違う緊張感の中で京都府長岡京市中小路市長より授与して頂く。

ヨーロッパより帰国して10年経った、令和元年10月に長岡京市文化功労賞をいただいた。

正式に受賞の知らせを受けたのは10月4日、自分の誕生日で、忘れられない年となった。折しも帰国10周年のリサイタルを準備していた時で、リサイタルには沢山の方に足をお運びいただき、一緒にお祝いしていただき幸せな時間だった。

文化功労賞の条件は、

・芸術文化活動において、優れた実績があり、広く高い評価を得られている人。

・長岡京市という地域の枠を越えて、広域的に活躍され、市民の文化意識の高揚に大きな役割を果たされた人。

・長岡京市の誇りとなる人

である。

ただ、「こと長岡京市においては」後進の指導・育成に関しても大きく評価をしていただいたようで、私の長い留学生活や演奏活動を通して培ってきたものが、次世代の人たちに還元し、地域貢献ができているのであれば大変光栄に思う。

この様な話をしているうちに、「長岡京市で指導しているから文化功労賞を授与された」という風に変遷していくからおかしい。

おそらく人は、〜だから、という理由づけをすることで安心するのだろう。

私自身、それこそ「ことクラシック音楽において」日本で音楽活動をしていると、分かったことがある。

日本人にとって、よほどクラシック音楽の愛好家でないかぎり、まだまだクラシック音楽は他の音楽ジャンルに比べて少し遠い、分かりづらい存在であるのが、「学校で吹奏楽のパート指導をしている」と言ったり、昨今ではＳＮＳなどに書き込むことで、ぐんと「共感」をしていただけるのを私も強く感じる。

おそらく、誰もが通る「部活動」だったり、また、自分の子供の経験を通してより身近に感じ、想像しやすくなるのだろう。

この賞を頂くに至るまでに、自分の知らないところで推して下さった方がいたり、指導校の顧問の先生が、「山村先生！熱心に指導していただいています」と仰って下さっていたという事実を知ると、一層気が引き締まる思いと感謝の気持ちで一杯だ。

なぜなら、人は人のいない所で悪く言う事はた易く、良く言う事は難しい事をよく知っているからだ。

指導においては、個人レッスンもするし、室内楽やアンサンブルのレッスンもする。オーケストラ部や団体に所属している生徒のレッスンもする。

私の場合はピッコロのレッスンを希望してくる生徒も多い。

中には音楽コンクールで入賞したり、専門機関で学ぶようになった生徒もいる。

後進が育っていくのは眩しく嬉しい。

実は日本に12年ぶりに帰ってきて、指導の依頼を頂いたとき、ぽかん、とした。

日本の音楽大学でも、海外の音楽大学でも吹奏楽の授業はあるし、全く離れていたわけではないが、吹奏楽部のパート指導？　私が？

と思っていた時、母が「お受けしなさい。自分のつけた技術を次の世代の人に伝えていってあげるのも、大事なことなんだから」と。

そういうものかな、と少々外国ずれした娘はそう思いながら中学生の前に立ってみると、大人の上手くなりたい、とは違ったひたむきな瞳で見上げてくるのがなんとも言えず可愛らしく、なんとか助けになれれば、という思いだけで10年経った。

沢山の国に住んできたが、吹奏楽というのは実は日本が一番盛んで、こんなにも高校野球並に力を入れている国は日本のみ、と言っても過言でない。

吹奏楽部は「部活動」なので、音楽高校や音楽大学を目指す生徒、もしくは個人でじっくりする指導とは違って、あらゆる基礎をすっとばしてとにかく課題の曲を演奏出来なくてはならないので、習得するにもその分逆に時間がかかることも多い。

楽器の基礎を知らない学生相手にほとんどの学校の目標である、夏の吹奏楽コンクールに向けて、限られた期間で自分の技術以上の曲を仕上げなくてはいけないポイントを見極め、それを踏まえてのレッスンになる。ただ、私自身は音楽上気持ち悪いことは教えられないので出来るだけ部活内でも音楽的に無理がないように指導する。

ある年のコンクールの前に一人の生徒が
「このソロがちゃんと吹けないと、フルートのソロを外すって、顧問に言われてるんです。でも先生、私、このソロを絶対に吹きたいんです」という想いを告げてきた。

なかなか技術が定着せず、本番の数週間前、いや、数日前になってなんとか成功の兆しが見えてくる。

その頃になると、「先生はこういったソロを演奏するとき、何を考えながら演奏していますか？」

という質問に変わっていき、技術が追いついてきて、メンタル面や知力、と順当に進んでいっているな、と感慨深く思う。大人でもなかなかこういう風には至らない人は多い。技術だけに走らず「音楽」が大事だと気付いてくれたことを目の当たりにすると、とても嬉しい。

時には厳しいことも言わなければいけないが、演奏だけでなく、様々な人間関係も経験しながら結果に向かう、振り切れるほど頑張れる経験は尊く美しい、と演奏後の笑顔や涙を見ていつも思う。

長岡京市で指導している2校は、一校は16年連続金賞、一校は小編成から大編成に戻っての金賞、と益々翌年のコンクールに向けて頑張ろうとしている矢先に、新型コロナウイルスの流行で、吹奏楽コンクールも定期演奏会も、その他のコンサートも中止を余儀なくされた。例年通りの活動が出来ないのは可哀想に思うが、かつてないこの期間に、今まで時間が取れなかった音楽を大事にする基本的な練習や個人や小さなアンサンブルのような形式の音楽に取り組む、良い時間なのでは、と思う。

私もいつまで外部講師として関わらせていただくかはわからないけれど、この10年間に出会った生徒たちが私を成長させてくれた事を評価していただいたのは紛れもない事実で、自分がつまずきながら得た知識や経験を次世代に渡す役割を得た事に感謝している。

このコロナ禍でプロフェッショナルの音楽家も演奏会や講演会などは軒並み中止になった。

帰国後も国内外で演奏活動をさせていただき、光栄なことにコンクールで優勝した国であるイタリア大使館、留学中交流を持った旧東欧のラトビア大使館、ウェールズ時代の親友の国シンガポール大使館などにお招きいただき演奏させていただく事も多くなったが、お世話になった諸外国の人たちが健康な状態で過ごしておられることを心から祈る。

そして、私自身の演奏会や講演会が中止になった時、

「次の機会まで首を長くして待っています」

「次回の演奏会はいつですか?」という温かいお客様の言葉に私自身が励まされている。

安全で心やすらかな状態で音楽をお届けしたいと願っている。

「日本に行こう」、と思って帰国して10年、素直にヨーロッパ生活を懐かしいと思うが、今のところ帰りたい、という意味で振り返ることはない。

それは何より帰ってからの10年が充実している証拠だと思っている。

それは日本に帰ってこなかったら出会えなかった大事な人たちがいるからに他ならない。

令和元年度長岡京文化功労賞授賞式で中小路健吾長岡京市長と
演奏会とは違う緊張感

あとがき

まさか創業以来お酒の雑誌を出版している会社から本を上梓することになるとは。

本書を読んで頂くとおわかりのように、私の住んできた国は寒い国ばかりで葡萄が採れない。

よくヨーロッパに住んでいたというと、さぞワインに詳しいんでしょう、と言われるが、そんなわけで特に詳しくはない。日本にずっといる人の方がよほど詳しい。

その代わりホップは良く育つので、自然、ビールの国ばかりに住んでいたことになる。

日本で女性がお酒が好きだ、というと決まって「呑兵衛なんですね」とか「強そう」とか何故か常套句のように言う人がいて、正直困惑する。

ヨーロッパではお酒を飲むのは大人のたしなみだ。

だから、本書では「ビール小話」と称してヨーロッパでの自然な日常のお酒を愉しむ様子、を書かせていただき楽しかった。

お酒好きの編集者さんがこちらの出版社の会長さんを引き合わせて下さった際に「ベルギー・オランダに住んでいた」と言うと「じゃあ、ベルギー・ビールのことも書けますね」と、企画が上がってからずっと温めていた出版が決まった。正にお酒が繋いだ縁だ。

尚、ルクセンブルグには住んでいないが、第五章のオランダ・ベルギーでの生活について便宜上「ベネルクス」とさせていただいたことをご理解いただきたい。

そして、タイトルの「有暮れ」は「夕暮れ」と自身の名前を一字使用した造語であるが、かつての留学地にて様々な思いで見上げた夕空をご想像していただけたらと思う。

そもそもこの本を書くきっかけとなったのは、「演奏会中でのトークに味がある人」と聴きにきてくださった編集者の方の言葉からだった。

ラジオをやっているから演奏会中のトークが上手い、などと時々評されるが、もちろんラジオのパーソナリティーをするずっと前から演奏家として活動してきて、演奏会でトークをしているから、そちらの経験の方が圧倒的に長い。

遡ればイギリス・ウェールズ時代のパフォーマンス・クラスの時、いや、それ以前から日本での演奏会ではトークは取り入れてきて、その時々の音楽と想いを「自分の言葉」で紹介してきた。

気がつけば、お客様にも演奏会中のお話しも楽しみで、と言っていただけるようになった。

帰国して10年経ったが、その間、この出版の企画も二転三転しながらようやくこのような形の本を上梓させていただくに至った。

自分の歴史を振り返る、のは思いのほか重かった。

もともとあまり過去に興味がなく、振り返らずにここまで来たので、過去を掘り起こす作業は「捨てられないけれど開けることもない部屋のどこかにある大きな箱」を開けてひとつひとつの過去の出来事を直視することだった。不思議なことに、コンクールや試験のことを書けばそのときの緊張の日々や重圧、先生達との交流の日々を書けばそのときの学校やレッスン室の空気感、病気になって通う病院への道中での思い、それぞれの出来事の途中で見た風景や光、その全部が「気」となって押し寄せてきた。自分の思い出、当時の気にやられて、本当に体と心を鎮めながら、書いた。

このコロナ禍の中で、静謐な時間を持ち、書き上げた今は、しっかり今までの自分を受け止め、本当の意味で一区切りさせていただいた気がする。

老いていく父と介護する母の声を聞きながら　留学時代の両親を思い浮かべて書いた。どんなに長く離れていた時があっても、結局は家族という原点回帰は切っても切れないどころか色濃くなって行く。

父は留学時代に比べると、随分体が弱くなり、耳も遠くなったが、お正月には必ず国際電話をかけてきてくれるイタリア人の友達との英語での会話はしっかり出来ていて、もうお互い80代になった二人の会話を微笑ましく聞き、音楽療法での「短期的な記憶は落ちても昔の記憶は想起されやすい」を思う。

正直、留学時代に起こった事件の内、本書に載せたのは100分の1くらいに過ぎない。まだ文章にして記すにはひりひりする話も。

書くほどでもない膨大な日常も。

でも、本に書くほどでもない思い出にいっぱい支えられている。

「あなたの文章からは音楽が聴こえる」と言ってくださった、たる出版会長髙山惠太郎氏、この出版に至るまでに帰国後から私の演奏会に足を運んでいただき、尽力してくださった、朝日新聞社・編集者岩田一平さん。

陰陽師の不思議なご縁?で素敵な帯を書いてくださった、夢枕獏先生、たる出版の高崎正樹さん、押見凛さん、そして、留学中心配、心配と口癖のように言っていた母と、口には出さないけれどそれ以上に心配してくれていただろう父に、家族に。

これまで支えてくださった全ての方たちに、心より御礼申し上げます。

２０２０年　秋　山村有佳里

山村有佳里（フルート・ピッコロ）　略歴

モンス王立音楽院、ゲント王立音楽院、アムステルダム音楽院などを経てプラハ芸術アカデミー、マーストリヒト音楽大学大学院をフルートで修了。オランダ国家演奏家資格取得。

英国ウェールズ王立音楽大学より奨学金を得て同大学大学院ピッコロ科(日本人初)にて学ぶ。

また、スウェーデン　マルメ音楽大学にて音楽療法を学ぶ。

第21回東京芸術協会演奏家オーディションにて審査員賞受賞。

第12回バコリ国際音楽コンクール、第一位受賞。

第10回“エウテルペ”国際音楽コンクール（共にイタリア）でフルート、ピッコロにて第一位、併せてジャーナリスト賞受賞。他受賞多数。

世界的フルート奏者、サー・ジェームス・ゴールウェイの招待により、スイスのマスターコースに招待され、その後親交を結ぶ。

12年のヨーロッパ生活を経て2009年帰国。

青山財団より助成金を得て京都バロックザールにて帰国リサイタル。

ベルギーの古楽楽団ラ・プティット・バンドのS.クイケン氏のTVインタビューの通訳、サー・ジェームス・ゴールウェイ氏のプログラムノートなどを手掛ける。

フランダース音楽祭、Coup Maastricht,大文字国際音楽祭、ラ フォル ジュルネ オジャポン、韓国大田音楽祭、イタリア・ソラリーノ音楽祭出演、ヨーロッパ・アジアでリサイタル、
また、ベルギーにてミュージカル「アマデウス」のオーケストラとして参加。

2012年、京都コンサートホールにてモーツアルト　フルートとハープのための協奏曲を演奏、サントリープレゼンツ「一万人の第九オーケストラ」にピッコリストとして参加。

2016年６月イギリスSt.George’s concert Hallにてヴィヴァルディ　ピッコロ協奏曲を弦楽オーケストラと協演。

ラトヴィア大使館、シンガポール大使館、イタリア大使館をはじめ各国大使館等でのVIP接遇での演奏会にて演奏することも多い。

ピッコロ奏者としての評価も高く、「和と洋の融合」をテーマにピッコロとフルートを日本の笛にみたて、狂言師や能楽師、また写真や書などとの共演も多い。

2013年アコーディオン奏者大田智美とともにＣＤ「Vieille　Chanson～懐かしいうた～」リリース。（協力/京都下鴨神社）

2016年フルート専門誌「THE FLUTE」誌にて“日本のフルート奏者150人”に選出される。雑誌への寄稿や輸入ＣＤの翻訳・解説、メディア出演、
また「歴史を受け止め、今奏でる」をテーマに講演など国内外問わず演奏活動、
また、後進の指導も行っており、音楽コンクールの審査員も務める。

FM79.7「山村有佳里のミュージック＋プラス」パーソナリティー
ラトヴィア音楽協会、関西現代音楽交流会会員
令和元年度長岡京市文化功労賞受賞

ホームページ
http://yukari-yamamura.jimdo.com

有暮《ゆうぐ》れのアリア　～歴史を受け止め、今奏でる～

二〇二〇年十一月十一日　初版発行

著　者――山村有佳里
発行人――髙山惠太郎
発行所――たる出版株式会社
〒五四一―〇〇五八
大阪市中央区南久宝寺町四丁目五―十一―二〇一
〇六―六二四四―一三三六（代表）
〒一〇四―〇〇六
東京都中央区銀座二丁目十四―五　三光ビル
〇三―三五四五―一一三五（代表）
E-mail contact@taru-pb.jp
印刷・製本――株式会社小田
定　価――一、五〇〇円＋税

落丁本、乱丁は小社書籍部宛にお送り下さい。送料小社負担にてお取り替え致します。

ISBN978-4-905277-31-6 c0073 ¥1500E